O Amigo de Cada Dia

© Copyright 2009
Ícone Editora Ltda.

Realizado por:
Deine Vidal e Sylvie Bernard

Projeto Gráfico de Capa e Diagramação:
Rodnei de Oliveira Medeiros

Revisão
Rosa Maria Cury Cardoso

Ilustrações:
Thierry Oger, Sabina Fucci, Stella Fucci, Claudine Pinet, Marc Bati, Blaise Balland, e Loic Thijssen,

Traduzido para o Português com a participação de:
Dora Costa, Patricia Costa, Deila Vidal, Marie de Vielmond, Monica Reis e Geraldo Paz Vidal.

Agradecimentos especiais à:
J. Sicco, A. Fichtencwejg, P. Rommelaere, C. Yeung, M. Bossy, M. Renard, O. Breteau, J. Lapalu, Deila Vidal e Geraldo Vidal.

Proibida a reprodução total ou parcial desta obra, de qualquer forma ou meio eletrônico, mecânico, inclusive através de processos xerográficos, sem permissão expressa do editor. (Lei nº 9.610/98)

ÍCONE EDITORA LTDA.
Rua Anhanguera, 56 – Barra Funda - CEP: 01135-000
São Paulo/SP - Fone/Fax.: (11) 3392-7771
www.iconeeditora.com.br - iconevendas@iconeeditora.com.br

I. Appel Guéry

O Amigo de Cada Dia

ícone
editora

Dados Internacionais de Catalogação na Publicação (CIP)
(Câmara Brasileira do Livro, SP, Brasil)

```
Appel Guéry, I.
   O amigo de cada dia / I. Appel Guéry. --
São Paulo : Ícone, 2009.

   Título original: L'ami de chaque jour.
   Vários tradutores.
   ISBN 978-85-274-1052-6

   1. Amizade - Citações, máximas etc I. Título.




09-06282                                          CDD-808.8
```

Índices para catálogo sistemático:

1. Amizade : Citações : Literatura   808.8

Introdução

Em um mundo onde o materialismo tenta superar todos os aspectos da natureza humana, existem momentos preciosos, nos quais nossa sensibilidade pode se despertar para a magia do instante.

Esses pontos de encontro entre o espaço e o tempo, tais momentos de emoção face à beleza, à bondade e à verdade, nos fazem lembrar que não somos apenas um corpo físico, em luta constante pela sobrevivência.

A alma e o espírito também precisam de atenção e de alimentos sutis, a fim de se desenvolverem e guiar-nos em nossas sucessivas escolhas.

Face às influências de um meio ambiente que nem sempre abrange nosso anseio do absoluto e nossa busca interior, procuramos o amigo que ressoe secretamente com nossa alma.

Um amigo, é um espelho capaz de fazer as pessoas melhor se compreenderem através da comunhão e do intercâmbio.

O Amigo de Cada Dia é aquele que nos dá as chaves e informações para transpormos nossos limites, despertando em nós o entusiasmo e o espírito criador.

A cada dia, um novo pensamento aviva a memória da criança que fomos um dia e somos ainda, quando o encantamento face à perfeição divina, vibra em nós. O Amigo de Cada Dia é um pouco o fio da Ariana, que nos ajuda a sair do labirinto da dúvida e da indecisão.

Você poderá seguir O Amigo de Cada Dia ao longo do ano, em um exercício diário de ressonância interior. Uma viagem na qual, a cada passo, você estará se aproximando um pouco mais de si mesmo.

Concentre-se, de preferência, na página que corresponde à data do dia. Assim, você entrará em comunhão com todos aqueles que fazem o mesmo.

Antes de ler o pensamento do dia, num instante de meditação, concentre-se em sua identidade essencial.

Faça esse pensamento ressoar em você e tente perceber, além das palavras, a vibração que elas trazem: quais imagens, energias e percepções acompanham essa vibração? Somente a intuição permite o acesso a um ensinamento espiritual.

Traduzida em uma dezena de idiomas, a obra de I. Appel Guéry é a de um iniciado que transmite um ensinamento original através de númerosos livros, cursos e milhares de conferências registradas.

Para aqueles que o conhecem, I. Appel Guéry é o amigo que ajuda uns e outros em seu caminho.

Janeiro

1° de janeiro

Ter êxito na vida é conseguir passar nossa juventude da Terra para o Céu.

O espírito terreno e o espírito galáctico

Na Terra, o ser humano resulta de dois princípios convergentes: um princípio de evolução da energia rumo à consciência e um princípio de involução da consciência rumo à energia.

O ponto de encontro entre essas duas correntes é o próprio ser humano, que é potencialmente dotado de ambas as forças.

Uma parte do ser humano se satisfaz com uma vida tranquila e uma simples materialização aqui na Terra, enquanto que a outra, ao contrário, busca continuamente uma coisa que sente dentro de si e que é o apelo de uma dimensão superior.

2 de janeiro

Ser feliz, é poder viver aquilo que consideramos ser nosso essencial.

Prioridade ao essencial

Se conhecemos em nossa vida momentos de intervenção milagrosa do espírito divino, é preciso não esquecê-los ou transformá-los em anedotas, entre outras coisas.

Devemos ter plena consciência de que esses são momentos únicos, em que temos a sensação interior de estarmos ligados a algo que é transcendente.

Se temos uma prova, por menor que ela seja, não é mais possível dar prioridade ao que é secundário, exterior e transitório.

3 de janeiro

A riqueza do espírito preenche qualquer solidão.

A paz interior

Sua paz interior provém da paz que você emana. Isso porque se seu modo de agir for pacífico, você encontrará a paz.

Para alcançar essa paz, é importante ter respeito e delicadeza para com outras pessoas, dando-lhes aquilo que elas esperam de você, mas conhecendo bem seus limites.

A solidão aparece quando uma pessoa não tem mais troca de energia com o meio ambiente, quando não faz nada para ajudar aqueles que estão a sua volta e quando ainda não encontrou seu ponto de ressonância interior com a paz permanente.

4 de janeiro

Não há nada que seja mais importante para sua realização do que a exatidão.

A exatidão

A exatidão não é uma noção abstrata. É uma sensação vivida profunda, absoluta e totalmente, que traz a harmonia interior imediatamente.

De fato, quando somos exatos, sabemos tudo o que procuramos e o que queremos. A exatidão dá uma força extraordinária, incomensurável. É a perfeição mesmo.

Qual objetivo nós podemos pretender atingir senão o de alcançar esta perfeita adequação com a perfeição energética e espiritual de toda a criação?

5 de janeiro

Cada instante de beleza é um instante maravilhoso que nos revela a porta do céu.

Saber maravilhar-se

Organize seu tempo reservando momentos de admiração e de criação, momentos de beleza, bondade e verdade.

A juventude é uma sucessão de momentos excepcionais, produzidos por reflorescimentos e entusiasmo.

Se mantivermos a vivacidade da criança que se maravilha, estaremos então em ressonância com a criança divina e com o jogo que permite nos renovarmos.

6 de janeiro

A felicidade desperta a coragem e a coragem mantém a felicidade.

A felicidade

Estabelecer a felicidade é o primeiro ato de filantropia que podemos realizar. As pessoas infelizes são aquelas que, sem perceber, destroem certas energias sutis, geram o negativismo e tendem, assim, a aumentar os sofrimentos do mundo.

É preciso ter determinação, coragem e força para alcançar a felicidade.

Se somos felizes, agradamos a Deus e às pessoas que nos cercam. Através de nossa irradiação positiva, somos como um farol na noite e fazemos bem aos outros.

7 de janeiro

*Respeite a si mesmo e aos outros
se quer ser estimado.*

O respeito

Quem não tem respeito por si mesmo não pode ser respeitado pelos outros. O que deve ser respeitado em cada um é, de fato, aquilo que está ligado ao divino, ou seja, o aspecto sagrado de nossa natureza e o conjunto de faculdades que nos une à transcendência.

A afirmação dessa transcendência exige muita energia.

O fato de selar momentos de transcendência na sua encarnação representa um desafio à morte e à destruição.

8 de janeiro

Nossa elevação realiza-se à medida de nosso desapego e de nossa mestria.

Estabelecer a calma interior

Para sair de situações difíceis, é preciso ver as coisas com distância e amplidão, não se concentrar em um problema em particular, mas saber encaixar o problema em seu verdadeiro contexto, que pode ser aquele de uma sociedade, da humanidade, de um planeta, de outros planetas, de um sistema solar, de uma galáxia e de todo o universo. Podemos assim, ver como cada situação é limitada.

É preciso também se afastar das más vibrações que perturbam nossa calma interior e impedem a consciência superior de refletir como a superfície de um lago tranquilo.

9 de janeiro

Existem segredos que só descobrimos na comunhão solitária com nossa alma.

Libertar-se da solidão

A impressão de solidão vem do fato de que, através de um encadeamento de atrações ou tentações externas passageiras, nós negligenciamos o reencontro com a sutilidade de nossa alma.

Esquecemo-nos que somos muito mais do que apenas um corpo físico. Nós somos também uma entidade interdimensional e temos uma vibração na imensidão.

Para libertar-nos desse estado de solidão, devemos restabelecer o contato com a esperança, o sorriso diáfano, a permanência, o inelutável, o absoluto, a beatitude.

10 de janeiro

A beleza é um elã de amor da vida rumo à perfeição espiritual.

O mundo da alma

Se queremos conseguir viver no mundo da alma, devemos tentar a todo instante ter força para agir contra a desordem, a falta de organização, a fealdade, a queda em mundos inferiores e obscuros.

Devemos criar à nossa volta, portanto, uma beleza que pode tomar formas bem variadas: literária, musical, artística, pictorial e exprimir-se através da dança, de um ato etc...

A beleza representa assim um porta-jóias, onde a alma pode se abrigar por um instante.

11 de janeiro

*Unir a vida à alma e a
alma ao espírito.*

Liberar-se da densidade

Nosso corpo físico é formado em função do planeta em que vivemos, que é o mais denso do sistema solar.

Por isso, é preciso não consagrar todo o tempo e energia ao corpo físico e à matéria, já que os mesmos são transitórios e estão aqui apenas para permitir a realização de uma dimensão de alma e espírito, que poderá conduzir à imortalidade.

12 de janeiro

Deus não tem lugar no coração daqueles que só pensam em si.

Toda chance deve ser merecida

Toda chance que temos na vida é como uma herança: podemos aceitá-la, mas se não a merecemos, acabamos perdendo-a.

É por isso que, quando temos uma chance na vida é preciso merecê-la e, portanto, empregar os dons que nos são dados para fazer algo de melhor, ao invés de usar essa chance apenas para benefício próprio.

13 de janeiro

Não existem instantes abençoados sem a presença fecundante da Essência imortal.

A essência da poesia

Procure, nos momentos de tranquilidade, comunicar-se com o mundo da poesia.

Deixe a poesia inspirá-lo e pergunte-se qual a essência que presidiu à criação desse poema, ou de onde vem o impulso que o fez nascer, qual o espírito que foi a fonte de inspiração e como ele se transcreve neste plano.

A poesia pode conter o esboço de um outro mundo, e quando conseguimos encontrar a essência da poesia, comunicamo-nos efetivamente com universos que são enriquecedores para a vida da alma.

14 de janeiro

Aquilo que ilumina uma boa ação é a fonte espiritual que a motiva.

Refletir sobre nossas ações

É bom ter distância das ações que tomamos para tentar refletir sobre o que elas deveriam realmente representar. Realizar o essencial seria movimentar-se, entrar em contato com todas as esferas de ação, apegar-se a isso ou àquilo? Ou seria representar, no plano das formas e da humanidade, a presença de uma essência, de uma dimensão da alma que perdura através dos tempos?

Não seria também manifestar uma sensibilidade, uma qualidade de beleza e bondade, conciliadas à verdade e exigindo um certo nível de energia, um meio ambiente material e uma junção espiritual indispensáveis para a existência?

15 de janeiro

A terra, a água, o ar e a luz são como o corpo, a vida, a alma e o espírito.

Organizar seu meio ambiente

Nós devemos criar, ao nosso redor, um meio ambiente propício para nossa felicidade e evolução.

Trata-se de organizar o que está à nossa volta de forma que cada ser vivo, cada objeto que nos é útil possa ser encaixado em uma ordem sagrada. Assim, cada um será respeitado como um elemento que compõe a trama cósmica.

Considerando-se a Terra como um ser vivo, devemos respeitar seus ritmos. Esses ritmos naturais representam uma base, da qual o homem necessita para sua evolução. Eles permitem uma integração permanente com a harmonia e a ordem cósmica.

16 de janeiro

*Sem ordem, a liberdade não pode oferecer
seu único instante real, a liberação.*

A liberdade

Se quisermos participar da ordem cósmica, devemos eliminar as forças que levam à desordem.

Não existe liberdade sem ordem e ela não deve ser vista como algo exterior ou inferior, mas sobretudo como um elemento interior e superior. Se nossa mestria do exterior e do inferior cresce, cresce também nossa liberdade no interior e no superior, graças ao conhecimento exato das leis que a regem.

17 de janeiro

Ter êxito na vida é criar momentos transcendentes suficientes para compreender o que é Deus.

Abrir-se a transcendência

Em nossa existência, produz-se continuamente um fenômeno de intercâmbio com o meio ambiente.

Se emitimos vibrações baixas, o meio ambiente nos responde na mesma medida. Por outro lado, se emitimos uma vibração transcendente e sagrada, todo o universo nos responde com o que há de mais sagrado e transcendente.

Se ousamos nos elevar e superar as limitações de nossa personalidade, vemos revelar-se em nós aquilo que temos potencialmente de transcendente.

18 de janeiro

Sua força é o seu sol.

Entrar em ressonância com o universo

Para entrarmos em ressonância com o universo devemos utilizar mais nossas possibilidades, em vez de funcionar sempre no mesmo canal.

Enquanto nossa centelha de gestão interna não se desperta, permanecemos seres incompletos.

Mas a partir do momento em que nossa centelha divina começa a brilhar como uma estrela, podemos nos tornar portadores da irradiação evolutiva para as consciências cósmicas que ajudam os seres encarnados em seu caminhar.

19 de janeiro

Para ser iluminado pare um minuto diante do espelho, cinco diante de sua alma e quinze diante de Deus.

Além das aparências

Pense que seu corpo é um lugar de passagem e sua vida deve servir para alcançar a iluminação e ajudar aqueles que o destino colocar em seu caminho.

Não se apegue ao aspecto exterior das coisas e situações, mas busque captar, além da aparência, aquilo que o ser supremo deseja que você compreenda e realize.

20 de janeiro

Grande parte das tensões, doenças e acidentes vem da falta de intercâmbio de energia com os outros.

Curar-se do estresse

Se existe muito estresse na sociedade, é porque elementos de todos os tipos esmagam a alma e a sensibilidade. Para conseguir curar esse mal, é preciso agir conscientemente para nossa evolução espiritual, para a harmonia de nossa sensibilidade e a progressão de nosso ser como um todo.

Se queremos ser úteis aos outros e mensageiros da beleza, da bondade e da verdade, é importante encontrar a harmonia através da realização exata de nosso programa, e que nos dá a sensação interna de ter sucesso em nossa existência. O estresse aparece quando vivemos erroneamente.

21 de janeiro

A contemplação é a ação de conter em si um templo de adoração divina.

Viver a adoração divina

Aqueles que desejam penetrar em seu interior devem procurar viver uma existência mais sagrada.

Devem usar seu corpo como um templo, tentar encontrar na relação com os outros, elementos que coordenam sua figura com a mais bela parte de si mesmo, interiorizar sua natureza a ponto de ser a sede de uma presença imanente, e guardar em si, a cada instante, o sentido de sua nobreza para definir, sobre aqueles que os cercam, os elementos que levam à realização da adoração divina.

22 de janeiro

Se não utilizarmos nosso tempo para nos desfazer dos maus hábitos, eles poderão não nos deixar mais tempo.

Mudar nossos hábitos

De manhã, ao despertarmos, devemos nos esforçar para não tomar o mesmo caminho de ontem ou anteontem.

Em geral, mudamos muito pouco nossos hábitos. Isso porque somos instalados num funcionamento, no qual fazemos trabalhar sempre as mesmas placas neurônicas...

A fim de que cada dia seja novo e rico em experiências evolutivas, devemos determinar os hábitos a serem mudados.

23 de janeiro

Através de nosso espírito todo o universo pode se comunicar conosco.

O Universo

Para sair de nosso pequeno eu, que muitas vezes pode nos limitar, devemos sentir que não estamos sós no universo.

Centenas de bilhões de planetas são habitados e existem presenças com consciência muito mais elevada que a nossa.

É importante procurar essa ressonância com todos os níveis positivos do Universo, e colocar-se no diapasão de tudo o que existe de melhor e de mais criativo.

24 de janeiro

Os pensamentos importantes podem ser repetidos sob mil formas diferentes, eles brilham sempre como uma porta de luz refletindo novas cores.

Pensamento positivo

Para permanecer positivo, guarde sempre o sorriso. Procure compreender com calma o que se passa com você e com aqueles que lhe são próximos.

Não esqueça que as manifestações exteriores são consequência do que geramos interiormente.

Evite então todo pensamento negativo face aos outros e a você mesmo. Só critique se puder trazer soluções, permitindo fazer evoluir a situação.

Seja um elemento de transformação e de harmonização e não de perturbação.

25 de janeiro

*Morrer ao parecer para
renascer ao ser*

A União

Se nossos atos são pessoais em demasia, eles nos mantêm em uma existência egoísta e densa.

Não esquecer que a união faz a força e que o que é pessoal em demasia nos afasta da possibilidade de viver um plano de comunhão.

Devemos despertar essa possibilidade de existir além de nós mesmos.

26 de janeiro

A impureza começa pela falha na integração de energias ou ideias que chegam até nós pelo meioambiente.

Preservar sua vida interior

Para preservar sua vida interior, antes de entrar em sua casa, após o trabalho ou outras atividades, é importante tomar consciência da energia que transportamos e que poderia poluir nosso ambiente.

Fazer então durante alguns instantes uma decantação, a fim de eliminar as energias indesejáveis.

Se temos problemas ou preocupações, devemos procurar delimitá-los em um espaço energético preciso, onde possam ser tratados sem invadir o ambiente de nosso quadro de vida.

27 de janeiro

A inspiração é uma fonte que se secará se não a utilizarmos.

Agir com inteligência

Agir com inteligência é não tomar decisões sem refletir e não perder tempo levando uma vida medíocre.

É dirigir-se ao espírito e buscar a inspiração precisa, que nos permitirá agir com inteligência se estivermos sempre à escuta de nosso ser interior.

É galvanizar em nós tudo que pode contribuir para que sejamos um ser fantástico.

É poder sempre nos ver como aquilo que desejamos ser: um ser que pulsa com tudo que é celeste e que em toda situação age com consciência e eficiência.

28 de janeiro

A primeira lei do universo e a base fundamental de toda a felicidade é poder ser útil a uma criatura.

Saber dar

Se amamos realmente um ser, devemos lhe dar o melhor de si mesmo e não o pior.

Enviar, portanto, em sua direção, energias que gerem sua felicidade e favoreçam sua evolução através de uma comunicação harmoniosa.

Respeitar um ser, é lhe dar exatamente o que lhe concerne. Falta de respeito é sobrecarregá-lo com o que não é de seu interesse.

29 de janeiro

*A alma pode embelezar cada instante
e torná-lo uma lembrança futura.*

Proteger sua sensibilidade

Devemos sempre tentar reunir os elementos que ajudam a criar uma ressonância com nossa alma.

Podem ser os amigos, belos objetos, obras que realizamos, uma organização de nosso futuro.

Assim, tudo que pode preservar nossa sensibilidade, contribui não somente para redefinir a harmonia no interior de nós mesmos, mas é também produtivo para o meio ambiente.

30 de janeiro

Uma bela corrente: receber toda a generosidade do mundo para, em seguida, dar cem vezes mais.

A verdade de cada um

Cada ser, cada consciência é uma faceta da verdade e merece, consequentemente, ser respeitado e escutado, pois pode sempre trazer com sua experiência original um ensinamento, por menor que seja.

É através desse processo de comunicação, e de comunhão que se realiza a melhor evolução possível para o indivíduo e a sociedade.

Integrar um ensinamento para poder melhor ajudar os outros representa, ao mesmo tempo, uma grande esperança e o motor permanente de uma vida de êxito.

31 de janeiro

*Perceber como uma mulher e
agir como um homem.*

O homem e a mulher

Para que a relação entre um homem e uma mulher tenha êxito, o homem deve ter firmeza, segurança, um espírito de pacificação, serenidade e uma força que permita manter a estrutura que ele representa, de proteção e de organização dos elementos, a fim de que tudo se reajuste aos planos mais elevados e mais harmoniosos.

A mulher, por sua vez, tem a sua graça, seu sorriso, sua sensibilidade, sua eficiência. Ela representa a presença da mãe criadora, e é ao mesmo tempo uma musa, uma união permanente da alma à vida, uma flor, um perfume que inspira.

Fevereiro

1º de fevereiro

Para poder existir através do tempo é preciso ter a consciência, o equilíbrio e a força de mudar.

Conhecer sua força e sua fraqueza

A única liberdade que temos é a de escolher quando faremos aquilo que devemos realizar de uma forma ou de outra. Escolher se realizamos no tempo presente ou mais tarde.

Existe em cada um de nós uma força e uma fraqueza. Podemos responder à força ou se perder na fraqueza.

Ou seja, podemos nos abandonar ao nosso destino ou, pela nossa vontade, emergir até a Providência.

2 de fevereiro

O sol interior pulsa mais forte que o sol exterior.

Ação interior ou exterior?

Uma pessoa que tem uma grande exteriorização de sua natureza terá tendência em considerar que as ações que ela desencadeia em uma luz exterior e no plano da forma são mais importantes que aquelas que realizaria no plano da essência e para a interioridade de sua natureza.

É preciso relativizar a importância de suas realizações no mundo da forma e da matéria, pois elas são mortais.

Imortal é tudo aquilo que consegue se reintegrar na trama interna do universo.

3 de fevereiro

Cada verdade formulada é uma gota de imortalidade.

Ser responsável

Aqueles que têm a chance de ser tocados por uma grande verdade devem tomar consciência da responsabilidade que têm no que se refere à formação de outros seres.

É necessário que organizem sua vida para que possam se tornar verdadeiros representantes dessa verdade.

Ao mesmo tempo que se transformam, trarão a todos aqueles que podem se encontrar em perigo, em desesperança, os meios de lutar para fazer triunfar o belo, o bem e o verdadeiro, face a todas as forças que agem para aniquilar o potencial magnífico da criatura humana.

4 de fevereiro

Toda mensagem de pureza é como um rouxinol que canta na noite.

Tornar-se mensageiro

Para ser um mensageiro no mundo é necessário se purificar completamente, se liberar de todos os elementos que fazem cair sempre nos mesmos sulcos, retomar confiança na vida, tornar-se totalmente positivo e saber dominar seus poderes.

É preciso se vivificar, se iluminar e se galvanizar na alegria de ser vivo e ligado a Deus.

Assim, a mensagem transmitida a outros torna-se mensagem para si mesmo.

5 de fevereiro

Somente depois de recolhermos os frutos de uma experiência é que devemos encarar uma outra.

Concluir suas experiências

Nossa alma acumula muitas experiências. Ela é o concentrado de todas as nossas vidas, bem como desta vida presente.

Em nossa vida, somos conduzidos a reviver experiências que não foram compreendidas e terminadas. Elas formam o que é chamado de Carma. Antes de iniciar novas aventuras é indispensável concluir todas aquelas que já foram iniciadas.

As reencarnações não são sucessivas, pois vistas do intemporal, todas as ações são simultâneas.

6 de fevereiro

A felicidade interior nos permite amar a Deus.

Saber captar suas chances

Diz-se que "a infelicidade nunca vem só" ou que "desgraça pouca é bobagem". Em geral as pessoas que se encontram numa situação que as inferiorizam, se carregam de todos os elementos negativos presentes no meio ambiente.

Se queremos evitar isso e nos beneficiar cotidianamente de todas as chances que podem se apresentar, devemos consagrar alguns instantes cada manhã a um contato com nosso ser interior e à fonte de inspiração divina.

Existem pessoas que captam todas as chances, pois elas possuem em sua interioridade uma linha de continuidade com o divino.

Devemos procurar realizar esse ato de re-conexão sempre que possível.

7 de fevereiro

Quando não respeitamos a alma, não temos direito ao conhecimento.

O conhecimento

O conhecimento pode ser nocivo quando nos dá apenas a possibilidade de julgar exteriormente os fatos, sem que possamos adquirir uma percepção interna.

Podemos descobrir esse conhecimento do interior vivendo em um meio ambiente material que nos desperte para as ressonâncias sagradas, em um ambiente psíquico e vital purificado, e em um nível de consciência mental suficientemente elevado para que possamos ter acesso a uma abertura telepática ajustada à ressonância.

O verdadeiro conhecimento passa pelo reconhecimento e pelo respeito no universo de consciências muito mais elevadas de que nós mesmos.

8 de fevereiro

A esperança foi dada ao homem para que ele se lembre da eternidade.

Descobrir a esperança

Procure sempre ter em referência os elementos essenciais e superiores de sua natureza.

Ou seja, a melhor parte de nós mesmos, a mais espiritual, a mais divina, essa que nos faz caminhar contra ventos e marés apesar dos momentos difíceis, das dúvidas, e que permite descobrir a esperança, a fraternidade, a comunhão, o reencontro com o Divino.

Busque a esperança que ilumina o coração e o olhar.

9 de fevereiro

Existe uma alegria secreta que vibra sempre. É a de ter deixado algumas pistas para guiar aqueles que vão seguir o caminho do retorno à fonte.

Nossa presença no universo

Sementes nos foram dadas no começo da vida. Foram elas bem plantadas?

Utilizamos corretamente nossa inteligência, nossa bondade, nossa potência?

Terminamos o ciclo para que no final possa existir uma colheita?

Fomos suficientemente ativos para termos uma presença no universo?

10 de fevereiro

Deus se aproxima daqueles que se orientam em sua direção e se colocam disponíveis à sua inspiração.

A porta do céu

Devemos pedir para receber, buscar para encontrar e, no que diz respeito ao céu, devemos bater para que nos abram a porta.

"Pede e receberás", isso concerne o inferior.

"Busca e encontrarás", concerne o exterior, quer dizer, os elementos que devem vir a nós.

"Bate que se abrirá", concerne o superior e significa que se temos uma certa força, uma certa insistência em direção ao céu, o céu acabará se abrindo para nós.

11 de fevereiro

Para viver seu presente é preciso voltar a ser criança, pois o adulto vive no futuro e o idoso no passado.

Frescor da infância

Se conhecemos esse frescor das crianças que se maravilham com quase nada, reencontramos a magia da criação que se realiza um pouco como um sonho, onde existe essa pureza absoluta, onde tudo é simples, fácil e harmonioso.

Querendo contatar e vibrar com essa dimensão, é aconselhável deixar viver a criança em nós e reunir nossas capacidades mais finas para interiorizar os elementos que nos permitem reencontrar essa dimensão tão sutil.

12 de fevereiro

Livre realmente é aquele que teve coragem de se entregar totalmente à liberdade?

Escolha de vida

Temos três maneiras possíveis de gerar nossa existência: agir pensando ter uma total liberdade – ação que reflete bem nosso inconsciente; tomar controle de si mesmo e começar a solucionar os diversos fatos que nos colocam em zonas de tentação e de exteriorização em relação a nossa linha interna; enfim, ser guiado por dimensões e se encontrar cada vez mais conectado à ordem cósmica.

Sempre que estamos frente a uma situação, é importante avaliar conscientemente a qual tipo de existência ela vai nos levar.

13 de fevereiro

Amanhã foi ontem.

Viajar através do tempo

Nossa existência é uma viagem que pode nos conduzir à vida imortal. Da mesma forma que muitas crisálidas nunca se tornam borboletas, é muito difícil ter realmente êxito no voo rumo ao imortal.

Portanto, seja qual for a situação na qual conduzimos nossa existência, é importante ter sempre uma noção interna da exatidão. É preciso também tentar perceber uma dimensão espaço-temporal interior que possa ser diferente do lugar e da época na qual vivemos.

Aquilo que é mortal é prisioneiro de uma época e de um tempo, enquanto o imortal nos permite viajar através de todos os tempos.

14 de fevereiro

Quando somente existir em nosso coração o desejo da luz, tudo então poderá recomeçar.

Reencontro com a energia e a consciência

Quando estamos unificados à nossa dimensão superior não é somente nossa vontade que nos faz agir, mas sobretudo a transcendência que pulsa em nós e da qual podemos nos tornar o templo. Detemos a maior das forças, pois fazemos o Céu e a Terra se unirem.

Participamos assim da transformação do mundo. Podemos abandonar um passado profano para chegar a um futuro de unificação e de reencontro com Deus, Consciência absoluta no seio da energia pura.

15 de fevereiro

Saber transformar a matéria em dinheiro, o dinheiro em energia e a energia em consciência.

Sacralizar a matéria

É importante dar à matéria uma qualidade de perfeição através do trabalho, da paciência e do tempo, a fim de que ela seja sacralizada por um ato excepcional religado ao espírito. Tratando a matéria com uma qualidade de espiritualidade e de amor precisos, suas realizações desencadearão em retorno, respeito e admiração.

Entrar na corrente universal é se esforçar a cada instante no êxito de realizações qualitativas, evolutivas para si e para os outros.

16 de fevereiro

O amor é a única luz para conhecer os homens.

A lei do amor

Se seu coração se encontra pesado, não perca tempo se lamentando.

Dê, ao contrário, a cada um o que ele espera de você e seu coração se tornará leve.

Se você percorre seu caminho sem se ocupar do vizinho, terá como companhia a solidão e como recompensa o arrependimento.

Mas se respeita a lei do amor, então virá do céu a justa correspondência de sua oferenda ao mundo e receberá a permanente presença dos santos que amam Deus.

17 de fevereiro

Deus
está no elã da alma, rumo ao espírito.

Fragilidade da alma

O mundo da alma é frágil, é um plano de grande fineza que pode ser facilmente destruído e pede para ser protegido por energias sutis.

É o plano da junção cósmica, que permite fazer a ligação entre o Céu e a Terra, entre a Terra e o Céu.

Viver o plano da alma é essencial, mas exige muita vigilância e pureza.

18 de fevereiro

O contrassenso da vida moderna são os cinco sentidos que podem impedir a existência do invisível.

A prisão dos cinco sentidos

Podemos construir uma nova maneira de viver e desenvolver outros aspectos de nós mesmos.

A vida começa no momento em que podemos nos liberar da prisão dos cinco sentidos. Em geral nos encontramos aprisionados dentro de nós mesmos pela visão, pela audição, pelo olfato, pelo tato e pelo paladar. Quando conseguimos nos liberar de nossos condicionamentos, começamos a ver a trama energética que rege o universo.

Percebemos então que a consciência torna-se criadora e coloca em movimento a energia pela emissão do pensamento.

19 de fevereiro

É preciso adquirir controle das coisas para que possamos nos desprender delas sem arrependimento.

Controle da fascinação

O essencial na vida é a conexão com o Divino. O verdadeiro poder é ter a possibilidade de conservar essa ligação com a unidade, pois é ela que nos torna imortal.

Para isso, é necessário que o ser tenha construído no interior dele mesmo uma resistência à explosão no infinito das ideias-imagens, das formas e das diversas dimensões que fascinam.

Estar desprendido, é poder ter cada vez mais o controle preciso da fascinação frenética das múltiplas tentações de potência.

20 de fevereiro

Se um dia dessa longa viagem você perder seu caminho, peça às estrelas para guiá-lo.

Rumo a uma sociedade de comunhão

O verdadeiro êxito da civilização humana terrestre seria esse de atingir uma civilização de comunhão. Se nossa sociedade pudesse passar do consumo à comunicação, ela estaria no caminho de uma sociedade de comunhão universal. Cada um de nós tem uma responsabilidade pessoal nessa evolução, pois a comunhão começa em nós, prossegue entre nós e fecunda assim o conjunto da humanidade.

Quando entramos em comunhão, o céu se abre para nós e nos colocamos em ressonância com aqueles que já se encontram em comunhão nas civilizações evoluídas do cosmos, onde velam as consciências superiores que nos inspiram. Participamos assim da intensa corrente universal que rege o universo como um grande conjunto harmônico em comunhão.

21 de fevereiro

A transformação da consciência começa pela transformação do olhar.

Como tratar a doença

A doença está ligada a nossa maneira de ser e de pensar. Não é com nossa visão exterior do mundo convencional que vamos modificar a situação, pois tudo é inicialmente criado no invisível e aparece em seguida no campo visível.

Consequentemente, se queremos tratar a doença não podemos nos ocupar somente da cura do corpo físico. É aconselhável parar de ver as coisas através de conceitos exteriores e não mais se fechar nesse corpo biológico ligado à matéria.

Se trabalhamos para liberar e reconstruir nosso corpo energético, ajudamos nosso corpo físico a se restabelecer.

22 de fevereiro

*O que faz um ser avançar é
seu espírito de decisão.*

Ajude a si mesmo e o céu o ajudará

Dê 50% de si e receberá 50% do Céu. O espírito somente desce sobre aqueles que fazem um esforço de elevação. É assim que devemos compreender o sentido esotérico do Pentecostes (do grego Pentekosté: quinquagésimo). Isso significa que se não fizermos esse esforço de elevação, nenhuma resposta, nenhuma ajuda nos será dada.

A sociedade nos propõe elementos para nossa vida material, mas somos os únicos responsáveis pela realização de nossa dimensão interior e imortal.

23 de fevereiro

*Se você não desenvolver o poder
de se transformar, não poderá
se parecer com o Pai.*

O poder da transformação

Não devemos hesitar em mudar nosso ambiente material no mesmo ritmo das transformações que são necessárias a nosso equilíbrio.

Desejando viver na corrente das energias cósmicas, devemos poder mudar nosso ambiente, nossas instalações e mesmo de lugar, caso isso seja necessário.

Estar sempre vigilante para nunca se estabelecer em uma situação que poderia se tornar nossa própria prisão.

24 de fevereiro

Para se ter paz é preciso preparar os meios que permitem mantê-la.

Controle e disciplina

Se conseguimos nos disciplinar, ter controle de nossa parte animal, das forças explosivas que estão em nós, permanecendo calmos e abertos a uma ressonância com as dimensões superiores, encontramos um estado onde o amor pode florescer.

Energias maravilhosas podem então circular em nós, mais finas, mais reais, mais justas, e podemos assim estabelecer uma grande comunhão com o espírito absoluto, com a consciência extraordinária que tudo realiza e tudo apazigua.

25 de fevereiro

*Ter confiança é um ato de amor,
de coragem e de renúncia.*

A confiança

O mais importante em nossa existência é a confiança que podemos ter em Deus. E isso apesar de todas as decepções, dos desvios, das quedas e dos erros que finalmente nos permitem eliminar o que existe de duro em nós e de inaceitável para as dimensões superiores.

Devemos renovar incessantemente essa confiança, a fim de que essas quedas não aniquilem nossa nobreza e nossa beleza interior.

26 de fevereiro

A meditação acumula riquezas em outras dimensões.

Aprender a meditar

A meditação é a ação de ir ao meio, ou seja, ao centro supremo de seu ser. Assim, meditar é viajar pelo seu mundo interior até a porta da Fonte Internel, para depois se fundir numa última aspiração, se a alma estiver suficientemente purificada.

Essa viagem não pode ser feita sem reflexão. A meditação, como a prece, não pode e nem deve ser um vago devaneio ou mesmo a repetição inconsciente de um ritual desmagnetizado. Pelo contrário, é a totalidade das energias vitais, psíquicas e mentais, que deve ser focalizada com intensidade, rumo a um único objetivo: atingir o contato divino e beber o néctar da divina fonte do amor espiritual.

27 de fevereiro

O melhor meio de se associar aos planos mais elevados é encontrar em si a serenidade.

Transmutar a energia

Devemos tentar ser um foco de harmonia, de pacificação, de serenidade, de elevação, de entusiasmo, e para isso contatar um plano de luz e de comunhão com aquilo que existe de mais sutil em nós.

Se utilizamos nossas forças para transmutar a energia, podemos voltar a um plano onde a suavidade da essência divina existe e onde nos espera uma imensa dimensão de amor, de quietude e de certeza.

Temos em nosso interior a energia que apazigua, harmoniza, eleva e dá a cada um uma parte desse eflúvio que permite retornar ao círculo da aliança.

28 de fevereiro

Viver intensamente, acrescentar às cores da vida o brilho da luz interior.

Viver no entusiasmo

A vida é um cenário que pode permanecer obscuro ou embaçado, se o projetor do entusiasmo interno não projetar sua luz fazendo desabrochar cores e detalhes inimagináveis.

É importante deixar viver em nós a energia vibrante da alma e conseguir realizar esse intercâmbio com o meio ambiente que poderá se encher de cores e se animar graças à luz que projetamos: os olhos do amor acendem o amor em todo o redor.

29 de fevereiro

Um objeto sagrado contém uma intenção espiritual e uma energia particular que será um ressoador em aliança com os mundos sutis.

Dar um sentido à matéria

Os objetos materiais ressoam vibratoriamente com múltiplos planos. O controle dessa ressonância entre a forma, a energia e a consciência permite utilizar esses objetos como "ressoadores".

São suportes de estabilização e de apoio de certos campos de energia infra-humanos que não podem estabilizar-se sobre o plano de uma vida humana muito instável.

Cada objeto pode tornar-se assim um "ressoador" permitindo o contato com outras dimensões. Os robôs ao redor do ser humano (aparelhos audiovisuais, computadores etc.) ajudam a temporizar os levantamentos de certas energias densas, nefastas ao corpo físico. Atuam como envelopes de proteção e de controle que é preciso saber utilizar com precisão.

Março

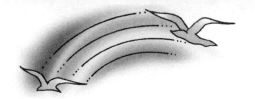

1º de março

Não há verdade sem amor.

Abençoar

O amor é o caminho em direção à qualidade vibratória do universo. Se temos a sorte de entrar em ressonância com o plano do amor, de poder acender uma flama em seu interior e de elevá-la para que se torne uma luz em comunhão com o mental e com a consciência superior; se temos a chance de participar momentaneamente desta qualidade do universo, entramos então em um mundo de esplendor e de comunhão e transportamos uma luz que tudo ilumina.

Quando nosso sol interior se ilumina, podemos emitir raios em nosso corpo e no ambiente próximo, a fim de fecundar e de abençoar tudo o que nos cerca. Esse ato de benção do meio ambiente é, provavelmente, um dos mais importantes que podemos realizar.

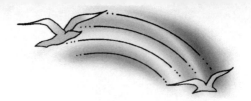

2 de março

Somos livres quando cumprimos fielmente nosso papel na economia do universo.

Ir além de suas limitações

Em nossa existência se apresentam, em permanência, elementos diversos que fazem parte de nossos programas eventuais. Olhando-os, podemos dizer: "Funciono bem com esse programa, não tenho necessidade de conhecer outros".

No entanto, outras possibilidades em outros programas nos são oferecidas, mas fechamos os olhos e permanecemos na ignorância.

Limitando-nos, fazemos apenas um centésimo do que seria necessário para nossa evolução.

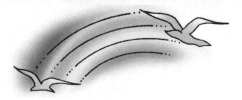

3 de março

Um ser torna-se radiante quando respeita o essencial, fazendo de sua vida um campo experimental enriquecedor para a grande consciência.

A energia condensada e a energia-luz

A transmutação das energias é a passagem de um estado vibratório a um outro, de frequência mais elevada. O corpo físico é uma energia condensada que pode, pela elevação de seu nível vibratório, se transformar em energia-luz radiante. O estado denso da energia é ligado à matéria, à inércia e à inconsciência, enquanto seu estado radiante é ligado ao movimento infinito e à consciência.

É conveniente então transformar sua energia para passar de um plano denso a um plano mais sutil e, assim, conseguir se elevar.

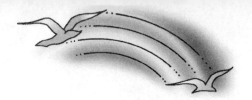

4 de março

Segundo o contexto, grandes qualidades podem se transformar em defeitos e pequenos defeitos em qualidades.

Orgulho e egoísmo

Para evoluir e se elevar, é necessário antes se liberar de dois males perigosos e terríveis: o primeiro, inferior, é o egoísmo e o segundo, exterior, é o orgulho.

Os seres que são muito egoístas não têm capacidade de se liberar do que lhes prende aos mundos inferiores.

A outra armadilha, o orgulho, é um sentimento sem medida em direção ao exterior, que impede completamente o ser de interiorizar-se, de se realimentar e ver tudo com espírito de comunhão e reintegração em uma dimensão mais elevada.

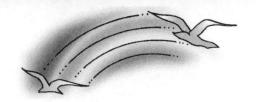

5 de março

O ser se integra à ordem quando a corda vibrante de sua alma se afina à nota justa.

Ordem exterior e ordem interior

A ordem interior preside a toda ordem exterior, uma vez que esta é somente uma pseudo-perfeição. Podemos fazer muitas coisas, mas é preciso ser conduzido pelo interior e não obrigado pelo exterior.

A evolução é apenas uma simples conexão ao que já é perfeito.

Conectar-se à perfeição da ordem interior pelo espírito e pela estruturação mental conduz à mestria da energia.

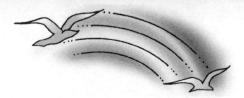

6 de março

A imortalidade se realiza pela quinta-essência da matéria em espaço, do espaço em tempo e do tempo em intemporal.

Do transitório ao imortal

O imortal em nós não é o banco de dados do nosso cérebro, nem a estrutura atômico-molecular do nosso corpo físico, pois nosso eu pessoal é transitório. Para se aproximar do imortal, é necessário conhecê-lo e a ele assemelhar-se. O imortal é uma presença espiritual cercada de sua inefável perfeição de alma vibrante e infinitamente disponível. Esta alma contém tudo o que existe, desde o que há de mais distante como o que há de mais próximo, e nada do que foi dela exteriorizado lhe é desconhecido.

A única figura que pode tornar-se imortal é aquela gravada em nossa alma. Esse tipo de registro não é da ordem da racionalidade, mas da ordem da percepção interna, em ressonância com o universo interior, presente atrás das aparências.

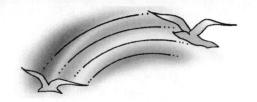

7 de março

O amor é um frágil instante que pode deslizar a todo o momento rumo à transcendência do espírito ou ao aprisionamento da forma.

As diferentes formas do amor

O amor existe sob diferentes formas. No plano físico, é a intensificação da vida, e como a vida é baseada na troca, o amor é a intensificação da troca.

No nível psico-afetivo, o amor é o desejo permanente do melhor para si, para o outro e para o conjunto. Enfim, no nível do mental e do espírito, o amor é a comunhão essencial no campo dos arquétipos e dos princípios transcendentais.

De fato o amor, como todas as coisas, deve se aprender e ser vivido em cada um dos seus planos, pois ele é o coração da vida.

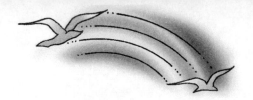

8 de março

O corpo físico é o receptáculo transitório de uma pequena centelha do espírito. É o que justifica ao mesmo tempo sua importância e seu pouco valor.

O corpo físico

É aconselhável durante nossa encarnação utilizar da melhor maneira o corpo físico que nos foi emprestado pela terra e pelo mundo da condensação, sem no entanto fechar-nos na prisão transitória que ele pode representar.

Se nos sentimos sós, é porque finalmente caímos na armadilha dessa substância mortal e esquecemos o caminho da quietude infinita e da comunhão com o que é puro, imortal e essencial.

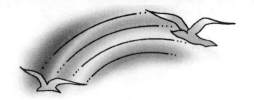

9 de março

O homem é um esboço que deve ser aprimorado na Terra para ser concluído no céu.

Entre o Céu e a Terra

Cada indivíduo é ligado à totalidade do universo. Assim, possuímos em nós todos os elementos que nos permitem exercer nossa escolha entre duas direções: o Céu ou a Terra.

O Céu pode estar muito alto ou muito próximo da Terra, e a Terra muito profunda ou sublimada e bem próxima do Céu.

Podemos nos encontrar polarizados sem nenhuma consciência no interior dessa corrente que circula entre o Céu e a Terra, ou desenvolver nossa própria identidade.

É importante poder passar de um estado de inconsciência ao estado que representa um despertar, permitindo-nos ser mais conscientes.

10 de março

Saibamos encontrar a calma interior, para que a luz do espírito possa nela refletir-se como em um lago tranquilo.

Ação e reação

É importante acompanhar nossas emissões psíquicas não coordenadas, pois elas desencadeiam em nosso meio ambiente reações que acabam voltando para nós mesmos, seja formalmente, seja energeticamente. De fato, toda emissão no meio ambiente terá uma reação. A coisa mais difícil de resolver no nível oculto é enfrentar aquilo que nós mesmos geramos e que projetamos nos outros.

Para encontrar a calma interior, é bom sair desse tipo de ação-reação e saber que, quando o psíquico se encontra em ebulição, é absolutamente impossível que a presença de uma dimensão de consciência elevada possa existir em nós.

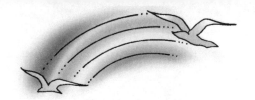

11 de março

A doença física é frequentemente o resultado de condensações psíquicas anormais que chegam até o plano da forma.

A energia psíquica

A energia psíquica está na base de toda nossa vida instintiva, emotiva, afetiva e intuitiva. Ela age segundo processos que devemos aprender a controlar e a canalizar.

Devemos também procurar descobrir a dimensão da alma e explorar o universo nuançado das sensações, das percepções e das emoções para reencontrar o sentido dos ritmos interiores. Purificando e elevando nossa energia psíquica podemos conhecer o encantamento e a transparência de uma alma tranquila.

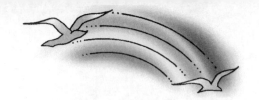

12 de março

Mesmo que sua sorte seja pequena não a perca, talvez seja o começo de sua grande sorte.

A sorte

A sorte é saber reger sua existência para que ela seja feliz e agradável.

Podemos dizer que a sorte é de uma certa forma uma abertura para o céu. Ela pode chegar para todos, mas de fato parece ser reservada particularmente a alguns.

Aqueles que sabem tirar proveito da sorte são seres que, através de uma dimensão própria, tem a possibilidade de entrar em contato com o que chamamos o céu, o paraíso e uma certa felicidade.

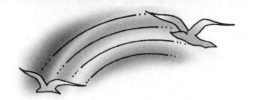

13 de março

Somos serenos quando compreendemos o porquê de nossa existência.

A missão

É importante saber qual é a nossa missão. Recebemos pessoalmente na essência interna e espiritual do nosso ser possibilidades e talentos que nos caracterizam.

Prometemos antes de encarnar, e talvez tenhamos até feito juramento, utilizar da melhor maneira possível nossos talentos. Mas, se no plano dos anjos somos plenos de boas intenções, quando descemos à terra esquecemos por que razão essas possibilidades nos foram oferecidas.

Consequentemente, uma vida com êxito é uma vida conforme aquilo que havíamos decidido quando fizemos o juramento.

14 de março

A paz interior começa a existir quando não procuramos mais a porta de saída no exterior, mas no nosso próprio interior.

A humildade

Um dos caminhos a seguir antes de ter acesso a uma dimensão superior pela "estreita porta" que a tradição nos fala, é o de ser doce e humilde: doce significa fluídico, sutil, circulante; e humilde quer dizer pequeno (*humilis* em latim), isto é, tendo a mestria de sua expansão energética exterior.

Assim, ligando-nos à mais suave energia de nossa essência sutil e ao canal de reinserção, podemos ressoar com os campos superiores da Unidade.

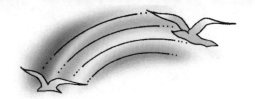

15 de março

O corpo é o alambique de nossas recreações.

Dialogar com nosso corpo

Em geral, dialogamos com nosso corpo de maneira inconsciente. No entanto, é um sistema que funciona de modo extraordinário, do qual não nos ocupamos enquanto consciência, apesar de existir nesse corpo uma forma de consciência, mesmo que ela seja diferente de nossa consciência mental.

É importante olhar nosso corpo de outra maneira e procurar dar a ele a possibilidade de manifestar sua dimensão sagrada.

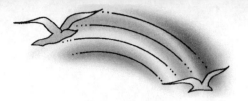

16 de março

Um homem só se libera no instante em que deuses e demônios nele se fundem.

Os diversos aspectos da personalidade

As coisas que mais recusamos representam em geral a parte mais escondida e mais sombria de nós mesmos. Enquanto não conseguimos encará-la de frente, nós a projetamos nos outros. O horror é sempre os outros.

Mas no dia em que conseguimos ver realmente esse aspecto de nossa personalidade, podemos segurar pelos cornos esse pequeno ou esse grande demônio, ter a sua mestria e transformá-lo. Vemos então como passar desse rosto de demônio mais ou menos escondido ao rosto de um anjo suscetível de se harmonizar à uma dimensão superior.

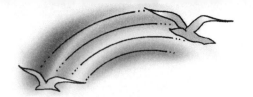

17 de março

Deus é consciência absoluta no seio da energia pura.

Comunhão com o universo

Existe no universo um estado feito de uma presença milagrosa, de uma consciência precisa e de uma essência sutil magnífica que nos dá uma impressão de plenitude, de totalidade, e a perspectiva do objetivo que buscamos fundamentalmente.

O verdadeiro tesouro que encontramos na vida é o estado de comunhão com essa presença.

Procuremos sempre nos interiorizar e entrar em comunhão com a presença interna do universo, pois ela nos preenche em plenitude, nos unifica, nos enriquece e nos ilumina.

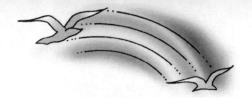

18 de março

Quando nos encontramos no campo do nosso programa, os milagres tornam-se quase cotidianos.

Cristal de perfeição

Chegamos à vida com um cristal de perfeição em nosso interior, que é nosso programa. Temos em nós todos os meios de cumprir esse programa. Mas o mundo nos conduz e nos dispersa em mil e uma coisas.

Numerosos anos são necessários para tomarmos consciência de que já tínhamos, desde o início, tudo para utilizar esse programa judiciosamente. Não teríamos então necessidade de remediar todas as nossas asneiras nem de passar por tantas provas.

Seria suficiente fazer a junção entre o interior e o superior, e conduzir nossas ações em um campo bem delimitado, bem concentrado, pois temos em nós todas as possibilidades de êxito.

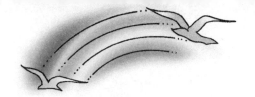

19 de março

Estamos presentes nesse mundo para representar uma faceta da verdade de Deus.

Uma qualidade única

Temos um valor inestimável, uma qualidade bem pessoal e única.

Temos a capacidade de fazer algo que ninguém faria.

Somos uma ideia excepcional que tem uma história no passado, uma história no presente e uma possibilidade de futuro.

E é este aspecto extraordinário de nossa natureza que devemos sempre estimular e despertar.

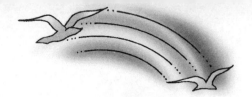

20 de março

Se não existisse uma fonte para nos trazer vida, o mundo seria um deserto. A fonte é o que há de divino em nós.

A fonte

Aquele que quer tornar-se céu deve reencontrar em si o céu.

Como queres compreender a verdade se não és animado pela fonte-luz?

Abre a tua vida ao que é a iluminação e tu reencontrarás em teu ser interior essa beleza, essa bondade e essa verdade, que abrasarão a tua ciência e que farão com que cada instante de tua vida se torne a apoteose do teu retorno à fonte. Como podes considerar que haja em seu coração algo que não seja essa divindade?

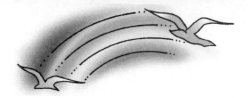

21 de março

O milagre do gênio é antes de tudo um grande trabalho aqui ou em outros mundos.

Agir ou se iludir?

A experiência prova que o acesso às dimensões superiores exige um trabalho extremamente difícil, pois trata-se, antes de tudo, de se afastar das normas de funcionamento habituais, de pré-julgamentos, de ideias pré-estabelecidas, de esquemas simplistas. Não devemos ceder à facilidade, aos impulsos, aos reflexos.

Quando realizamos uma ação, não devemos efetivá-la apenas para nos ocupar, para ter a ilusão de estar fazendo algo. Temos de conduzi-la sabendo onde vamos chegar, utilizando a técnica apropriada para obter um resultado real, não apenas nesse plano, mas também em outros.

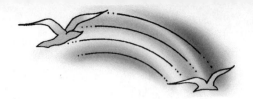

22 de março

Ter êxito é conseguir reunir em si a essência daquilo que desejamos conter eternamente.

Conquistar a vida imortal

Se a sociedade se ocupa de nossa vida mortal, quem se ocupa de nossa vida imortal?

Somente nós mesmos. Por isso, precisamos nos envolver com tudo que nos concerne: espírito, psiquismo, vitalidade, corpo físico, vida social e familiar, bases financeiras, potências inferiores, meio ambiente e muitas coisas que não vemos habitualmente, mas que aos poucos podemos perceber.

Existem conhecimentos inimagináveis a serem integrados, a fim de reger todos os níveis de nosso ser. Para isso, é indispensável uma grande força de vontade, pois dela depende nosso êxito.

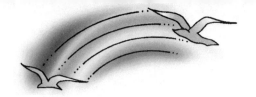

23 de março

Se não amamos a vida, corremos o risco de não sermos amados por ela.

Evitar a infelicidade

No decorrer da vida, não devemos permanecer somente na ação presente.

Devemos pensar em construir um futuro positivo, a fim de que nossa felicidade não seja tomada pela infelicidade.

Quando a infelicidade nos atinge, é porque avançamos muito lentamente.

Para evitar perder tempo com aquilo que é vã e inútil, devemos sempre avançar de uma forma positiva e criativa.

24 de março

*As obras se imortalizam pela adoração
imortal que elas despertam na alma.*

Dar a mão

Podemos dificilmente avançar rumo ao futuro sem equilibrar o presente e solucionar o passado, que é de uma certa forma pessoal e planetária.

Devemos saber como vamos administrar essa situação e definir qual será nossa participação no carma global da humanidade.

Essa gestão pode ser feita em vários níveis e consistir, por exemplo, em dar a mão, ao menos espiritual e energeticamente, a todos aqueles que se encontram em situações menos favorecidas.

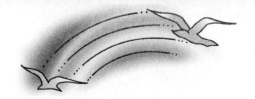

25 de março

*Uma ação essencial a realizar na Terra:
ter a mestria de si e se redimir.*

Cavalgar o tigre

Quando um indivíduo deseja evoluir rumo a uma dimensão superior, sua parte cósmica deve progressivamente imperar sobre sua parte humana e sua parte humana imperar sobre sua parte animal, o que não significa que ele deva destruir a parte animal.

Um dos doze trabalhos de Hércules consiste justamente em "capturar vivo o javali de Erimanto", quer dizer, deter essa força animal e regê-la a fim de "cavalgar o tigre", buscando a mestria da energia e de uma realização transcendente ao nível espiritual.

26 de março

Têm êxito aqueles que sabem mover-se rapidamente quando a roda do destino se encontra embaixo.

Ir além do seu destino

Na roda do destino existe o alto e o baixo.

Quando ela gira e nos aproximamos do alto, visamos continuamente uma melhoria. Chegando ao alto começamos a descida e podemos sempre descer mais.

Se percebemos que estamos escorregando, que começamos a ter a cabeça embaixo, é preciso ousar rapidamente passar a um outro nível e no nadir da materialidade, tomar seu impulso e dar um salto para um ponto mais elevado da espiral.

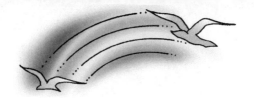

27 de março

*Ter êxito é viver seu imaginário
à medida de sua vontade.*

O êxito

É importante ter sucesso frequentemente, para compreender o que traz o sucesso.

Realizar-se, é o fato de poder se encontrar em um estado de espírito ligado às dimensões superiores, tendo uma capacidade de análise coerente de toda situação, isto é, uma compreensão permanente que permite distinguir o que é essencial do que é acessório.

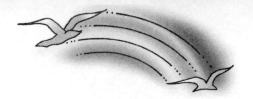

28 de março

A vida é genial quando podemos perceber a trama do mistério atrás de cada banalidade.

A encarnação

Devemos refletir profundamente sobre as razões de nossa encarnação.

Por que nos encontramos neste corpo, neste plano vibratório, neste tipo de planeta? Por que vivemos esse tipo de experiência? Podem existir diversas razões: talvez para uma missão especial, por simples curiosidade, para solucionar algo, por um acidente de percurso, etc.

Devemos procurar localizar através de uma reflexão precisa, ou pela escuta de nossas sensações internas a origem de nossa presença.

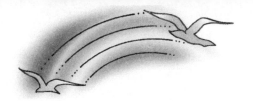

29 de março

Subir um a um os degraus que levam à santa comunhão.

Aliança com o céu

Temos em geral o reflexo de tudo concretizar, tudo materializar.

Hoje, se queremos retornar dessa viagem na matéria, devemos consagrar cem vezes mais tempo e energia a nossa reinserção superior, quer dizer, criar uma aliança com o céu.

Deixar florescer em nós esse elã em direção ao amor supremo, viver de uma forma mais transcendente e deixar o hábito de sempre querer tudo materializar.

30 de março

O saber se aplica aos fatos.
A compreensão gera as leis.
A sabedoria concebe os princípios.

Princípios, leis e fatos

Temos o hábito de nos reger através dos cinco sentidos. Entretanto, o universo é constituído de sistemas de energia que ultrapassam nossas percepções imediatas. Acima dos fatos existem as leis e acima das leis existem os princípios que sintetizam as leis.

Aquele que quer ter uma maior consciência do universo e de sua realidade pessoal não pode organizar sua existência somente com uma concepção dos fatos. É preciso que ele possa elevar-se, fazer uma síntese desses fatos para eventualmente conceber as leis das quais ele provém. Em seguida, sintetizar essas leis para ter acesso aos princípios.

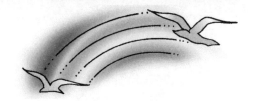

31 de março

Podemos semear em toda parte, com a condição de colher em algum lugar.

A colheita

O ser mais precioso para Deus é aquele que soube regressar ou que traz consigo alguma coisa. O importante não é semear. É, sobretudo, vigiar as sementeiras contra os corvos, as toupeiras, os parasitos, as imprevisões do tempo.

Podemos então colher. Esse é um outro trabalho que consiste em recuperar o resultado do florescimento que chegou a seu termo.

O que dá prazer a Deus não é somente a plantação ou a vigilância aplicada. É a colheita.

Abril

1º de abril

*Crer em Deus é pressentir
permanentemente sua
própria transcendência.*

A ascensão

Escute bem, pense desperto, pois existe no acordo celeste uma sede de aurora. Em todo ser está gravada uma palavra-chave, que deve ser dita e repetida.

Afine-se com a unidade, pois em toda circunstância a imensidade vela sobre o coração e a alma. Eleve teu ser ao mais alto de sua flama para reunir seu corpo e sua alma na beatitude celeste.

Aproxime-se da consciência que está presente em tudo e concentre sua atenção no que é o mais importante em sua vida: a ascensão.

2 de abril

Amar a causa primordial, é amar as formas pelas quais ela se manifesta e compreende o sentido original.

Respeitar o equilíbrio do universo

Como ser humano, não temos o direito de nos orgulhar seja do que for, nem de nos sentir superiores aos outros reinos, pois somos apenas um dos elementos existentes no equilíbrio das forças do universo.

Devemos estar à escuta e respeitar esse aspecto interdimensional. Estar atentos a toda ação que permita estabelecer esse equilíbrio.

Devemos ser, sobretudo, um participante elevado da maravilhosa harmonia que deve reinar em nós e ao nosso redor.

3 de abril

*Perfume todos os dias com
uma gota de verdade.*

Transpassar o véu das aparências

Para ter êxito na vida, é importante possuir uma dimensão de nobreza que recuse tudo o que é evasivo.

Precisamos nos concentrar permanentemente naquilo que devemos realizar, saber nos estruturar e estar à escuta da ciência interior que nos guia. Assim, podemos transpassar o véu que dissimula cada coisa e perceber, atrás de suas aparências, a continuidade e a interioridade da trama universal.

De fato, fazemos parte de uma só e única realidade.

4 de abril

O espírito é o azul do céu atrás das nuvens da alma e do corpo.

Paz infinita

Cometemos sempre o erro de nos fechar na prisão transitória que é o corpo.

Quando nos sentimos sós, por exemplo, é porque nos encontramos aprisionados ao corpo físico.

Para evitar esse estado, lembre-se que é possível elevar-se pelo fino canal que nos faz respirar o ar da montanha, a paz infinita, a comunhão com o que é puro, imortal e essencial.

5 de abril

A melhor maneira de alcançar a felicidade é amar profundamente a Deus.

Reencontrar o divino

Devemos agradecer às dimensões celestes por nos darem, em certos momentos, a possibilidade de entrar em comunhão íntima com a Presença Divina.

Essa comunhão muito intensa, sorridente, infantil, forte, verdadeira, imortal e permanente, é um instante extraordinário em que simplesmente nos sentimos normais.

Ser normal é de fato inscrever sua vida na corrente da evolução criadora e permanente.

6 de abril

*Antes de aprender a dar, é
necessário ter pureza em seu
interior para ter discernimento.*

Dar e receber

Purifica-te para seres são de corpo, de alma e de espírito. Torna-te transparente como o cristal, deixa para trás todas as lembranças imperfeitas, todos os eflúvios violentos de um mundo de angústia, e acolhe serenamente o alimento celeste que, sem exigir nada em troca, te provês com tudo aquilo que podes pedir. Para isso, basta respeitar a lei da reciprocidade: ao receberes de um lado, dá de outro.

Assim, quando alguém te ofertar algum dinheiro, com teu mais puro espírito, distribui sem contar, e se te chamarem de santo, devolve a Deus que tudo te deu.

7 de abril

*Saber aproveitar o instante único,
onde existe a Presença.*

Ir além da diferença

Quando falamos de submissão a Deus, estamos em uma posição de consciência exterior, pois tal ideia nos diferencia de Deus. A meta a seguir será, antes de tudo, a de se abrir ao Ser.

Muitos se mantêm nas aparências, na submissão. Para se abrir ao Ser é necessário ir além dessas limitações, deixar o mundo da diferença e se aproximar da unidade que leva à comunhão e à vibração divina.

8 de abril

Para que a evolução possa existir, devemos velar pela continuidade entre todos os planos.

Viver em continuidade

A criatura humana é muito elaborada. Temos um espírito superior que nos une à presença divina e uma alma que é a sede de nossa intenção derradeira e imortal.

A mente estrutura e controla, o psique faz vibrar a emoção e o amor, a vitalidade desencadeia nossa força e nossa vontade, o corpo físico representa o que somos. E entre as potências que temos, algumas formam nossas bases e outras podem ser transmutadas.

É importante tomar consciência de todos estes aspectos de nosso ser, a fim de fazê-los funcionar harmoniosamente e em continuidade, de um nível a outro.

9 de abril

Temos a necessidade de vibrar, seja pelo espírito, seja pelo corpo.

Dançar

A dança deveria ser um ato sagrado, um ritual mágico e operacional.

Para que assim seja, procure através desse ato, ter ao mesmo tempo uma ligação com as dimensões superiores, um elã de alma, uma coerência mental e um domínio da energia.

Comece apaziguando os campos de energia, para poder em seguida comunicar-se com outras dimensões.

A dança pode ser vivenciada, então, como um exercício em direção ao contato e a junção com o céu.

10 de abril

Cada um tem seu carma, mas também tem sua chance.

Solucionar seu carma

Só nossa alma tem a memória de todas as nossas encarnações passadas.

Mas um véu se coloca entre a memória de nossa alma e nosso mental, se bem que, para compreender aquilo que temos de solucionar e controlar, devemos sempre buscar a conexão com os planos superiores.

O carma é uma configuração inevitável, que nos obriga a encarnar onde temos alguma coisa para resolver.

11 de abril

*O que nos faz mal é nossa incapacidade
de compreender o que é sagrado
em tudo ou em todas as coisas.*

Em harmonia com o cosmos

De manhã, ao despertar, lembre-se que você está em um planeta, numa nave mineral em evolução que se desloca em torno do sol.

Sempre que possível, pense no aspecto sagrado de cada um dos atos de sua vida e procure se sentir em total harmonia com o cosmo.

À noite, olhe para o céu e medite sobre a vida no universo.

12 de abril

É preciso sempre se perguntar qual a melhor maneira de utilizar, para a imortalidade, aquilo que possuímos durante um breve instante no mundo.

A liberdade espiritual

Temos diversas formas de apegos. Em geral não temos consciência, mas todos esses apegos fecham nossa alma e impedem sua liberação.

Para sair dessa situação, devemos ir em busca de algo novo, que seja possível incluir em nossa inteligência: a liberdade espiritual.

É importante lutar para adquirir uma certa distância das coisas às quais nos apegamos. Assim, podemos preservar a liberdade espiritual, que nos permite manter o contato com o espírito.

13 de abril

O espírito sopra onde se encontra o canal que pode despertar o espírito de outros.

Ser mensageiro

Podemos ter visões de planos muito sutis, mas a vida que levamos, cercada de matéria, apaga frequentemente essa vibração interior.

Entretanto, viver intensamente seu mundo secreto, desperta o desejo de ser mensageiro desse retorno à percepção interior e de ampliar sua verdade, sua sutilidade, sua bondade, para recriar o cálice no interior do qual pode residir, no curso da vida, os mundos sutis e invisíveis, apesar da dureza do plano material.

Nasce então a esperança de poder revelar a outros seres a emoção e o elã que nos leva a uma comunhão transcendente.

14 de abril

*Deus é um ponto finito
no infinito de Deus.*

O elã da adoração

A adoração é um voo de amor em direção ao divino. Mas esse voo deve ser preparado. Antes de chegar a esse instante mágico e fantástico, a primeira atitude é respeitar o divino, se apresentar a ele estando aceitável, claro, preciso e ordenado.

É essencial tornar-se puro, pois sem essa pureza a adoração seria uma ofensa a Deus.

15 de abril

O corpo possui uma consciência que dispõe de inúmeras linguagens para a cabeça que deseja ouvi-lo.

Escutar as necessidades do corpo

É importante ter uma percepção sutil das necessidades do corpo.

Se temos, por exemplo, consciência de nossas necessidades, temos um conhecimento mental.

Mas na realidade, o que rege nosso corpo? Não é o conhecimento mental, mas a comunhão com a trama sutil. Portanto, interessar-se pelo funcionamento sutil de nosso organismo é um elemento importante de comunhão com o Criador.

16 de abril

*Uma semente de reflexão harmoniosa
é a promessa de uma flor no
grande campo da consciência.*

Ativar suas potencialidades

O homem utiliza de dez a vinte por cento de sua capacidade cerebral. Mas se utilizasse a totalidade e conservasse melhor o corpo físico, o cérebro poderia viver quinhentos anos.

Além disso, se tivesse consciência de todas as qualidades e potencialidades de que dispõe, e que fariam dele um ser cósmico, conheceria o funcionamento exato que permite determinar a figura interior de seu ser, colocando-o em consonância imediata com a fonte. Poderia assim, estabelecer o contato com sua dimensão espiritual, e teria a energia necessária para a realização de uma verdadeira unificação planetária.

17 de abril

*No amor dirigido
a Deus reside a
felicidade.*

O amor a Deus

É importante questionar-se sobre o que é a felicidade e como podemos vivê-la. O maior efeito da felicidade é que, através de sua manifestação, podemos amar a Deus.

Certas atitudes partem de boas intenções e conduzem finalmente à ações complicadas, difíceis e estressantes.

É bom então refletir frente a todas as situações, procurar discernir aquilo que é essencial e enfim ver o que retiramos para a harmonia, a felicidade, para um autêntico serviço a Deus e uma verdadeira presença da alma e do espírito em nós.

18 de abril

Quantas aflições devemos atravessar antes de alcançar a serenidade!

Encontrar a serenidade

O desespero provém de uma queda de energia. É necessário encontrar a origem dessa queda.

Ela pode vir de uma explosão incontrolada de energia, um conflito psicológico profundo, fraqueza para assumir com coragem seu destino, tédio originado por desinteresse em si mesmo e em outros, ou de um egoísmo devido a medos infantis.

Procure evitar erros que possam conduzir a essa situação, aja positivamente para não desperdiçar energia, faça exercícios físicos, observe sua alimentação e seu repouso para encontrar equilíbrio e harmonia.

19 de abril

Para viver em harmonia, é preciso encontrar o equilíbrio entre seu domínio interior e seus poderes exteriores.

A tentação

A melhor experiência da vida é conseguir preservar o essencial de si mesmo, para evitar as tentações das exteriorizações artificiais que são contrárias à verdadeira felicidade. A tentação é principalmente a exteriorização de seu ser em direção aos mundos onde não reina a harmonia.

É preciso curar-se da tentação do mal, de um certo gosto pelo que é mortal.

Uma parte de si, interior, vibra com a perfeição e sabe muito bem o que deve e o que não deve ser feito. Decida escutá-la para não realizar atos que possam reduzir a comunhão com sua interioridade.

20 de abril

Existem qualidades que aborrecem e defeitos que seduzem, talvez porque um defeito seja simplesmente a deformação de uma qualidade mais secreta.

Defeito ou qualidade?

Uma das grandes dificuldades da existência é poder distinguir em tudo que nos rodeia aquilo que está ligado a um arquétipo superior.

Para conseguir, é necessário examinar todos os nossos impulsos, não condená-los, mas transmutá-los e redimi-los buscando compreender sua origem arquetípica divina.

É importante saber que os defeitos não existem, são em geral energias mal utilizadas ou não elevadas o suficiente rumo à consciência, para tornarem-se qualidades. Todo defeito é a deformação de uma qualidade potencial.

21 de abril

A sensibilidade do homem faz sua fragilidade, mas também sua possibilidade de correlação energético-espiritual com as presenças do universo.

Desenvolver sua sensibilidade

É pela sensibilidade que podemos nos comunicar interdimensionalmente com todo o visível e o invisível que nos rodeia.

A via espiritual se abre quando somos tocados em nossa sensibilidade por uma dimensão apurada do espírito.

O espírito utiliza essa sensibilidade, quando ela é harmoniosamente desenvolvida, para ser o mensageiro de uma graça interior, de uma revelação de esperança e de liberação.

22 de abril

*Somos encarnados para aprender
a dominar nossa potência.*

A queda

Aquele que quer ascender ao céu deve travar um verdadeiro combate contra as potências de condensação inferiores e exteriores. O estado de queda revelado nas tradições vem do fato de que a centelha de luz divina que se encontra na origem da animação de toda forma, deixou-se sufocar pela densa energia da qual provém todas as formas aparentes.

Progressivamente, procure dominar as exteriorizações não coordenadas, os reflexos incontrolados, delimite seu plano inferior a fim de poder dirigir seu psique e colocá-lo em contato com uma dimensão de consciência interna e superior.

23 de abril

*Não morreremos fisicamente
enquanto a alma e o espírito forem
capazes de transportar o corpo
em sua viagem intemporal.*

Em direção ao imortal

Para alcançar a imortalidade, é indispensável reencontrar a continuidade e o equilíbrio entre nossos corpos sutis e nosso corpo físico excessivamente materializado.

É preciso lutar contra o despotismo exagerado que é exercido em nosso corpo, mobilizando toda nossa atenção, fazendo-nos crer que somos apenas um corpo físico, deixando-nos um mínimo de energia para velar em outras dimensões energéticas, como em um sonho brumoso, o desenvolvimento de nossos veículos sutis e suas ações.

24 de abril

Fazer o que Deus nos pede e, sobretudo, não fazer o que ele não nos pediu.

Realizar seu programa

Nossa vida se desenvolve em um cotidiano bem limitado, mas além dessa realidade, nosso corpo físico foi criado para realizar ações de ordem cósmica.

Para ter acesso a essa dimensão cósmica, é necessário integrar, em nossa consciência e em nossa energia, as configurações correspondentes à origem de nossa criatura.

Somos uma ideia no universo e temos, cada um, um programa a realizar.

24 de abril

Deus intervém até onde os anjos devem intervir, os anjos intervêm até onde os homens devem intervir e os homens, até onde os demônios intervêm.

A conformidade

Os anjos só podem ajudar o homem se ele, situado entre anjos e demônios, estiver suficientemente liberado dos demônios para que essa intervenção não alimente, ao mesmo tempo, os demônios.

Não se pode querer que os anjos se identifiquem com a imagem dos homens, pois cabe a estes se identificarem com a essência dos anjos e de Deus.

26 de abril

A vida se espiritualiza e adquire sentido quando nos esforçamos para extrair das diversas situações por que passamos os ensinamentos essenciais.

A meditação

No jogo de nossas diversas encarnações, no curso de nossas peregrinações, dispersamos inúmeros elementos de nossa figura.

Através da meditação, que é a ação de ir ao interior de nós mesmos e que não deve ser somente um momento, mas a totalidade da vida, devemos reunir os elementos essenciais que foram dispersos em uma única assinatura de síntese, permitindo repassar do extrauniverso ao intrauniverso.

27 de abril

Aquele que capta a emissão de Deus, oferece a seu corpo o maior poder de regeneração que existe.

Renovar-se

O ritmo da civilização nos confina em atitudes corporais estereotipadas, e nos impõe as modas, os horários, os hábitos. Devemos recuperar nossa liberdade e dar mais atenção a nossa beleza e ao nosso bem-estar.

Templo do espírito, o corpo deve estar em boa saúde, limpo e harmonioso.

O importante é procurar sentir-se bem e ter uma relação com o corpo que transforme os hábitos, a fim de que novas correntes de energia possam circular em nós.

28 de abril

Para aquele que cumpriu sua missão, o tempo de retorno é uma libertação.

Desenvolver sua identidade

Olhe em seu interior e procure sentir quais são suas capacidades, aquelas que sempre existiram e que alguns chamam de missão, mas que representam também seu caráter, sua verdadeira presença no universo.

Busque sempre ir além de qualquer situação de impossibilidade ou limitação.

Deixe florescer e evoluir sua identidade, sua característica interna, o que você é em grandeza e perfeição, o que é sua mais bela figura.

29 de abril

Não perca suas asas se quiser reconquistar o ninho no final da vida.

Levantar voo

Nossa consciência interior deve sempre ser mais forte que nossa dispersão inferior ou exterior.

Ela depende de um acompanhamento permanente em nossa ação de retorno às dimensões celestes.

Não somos pássaros do céu, pois nos encontramos bem ancorados na matéria. Por isso, devemos procurar meios de não permanecer em uma situação muito materializada e, sempre que possível, alçar voo a fim de exercitar nossas asas.

30 de abril

A criatura deve esforçar-se para seguir o modelo de equilíbrio e harmonia existente entre a criação e o Criador.

O respeito da criação

Na natureza, todos os dias ocorre um equilíbrio entre os elementos da criação.

Esse fenômeno não é fruto do acaso. Ele tem por origem a coordenação que se efetua entre os elementos de energia dotados de uma certa força, de uma certa sensibilidade e de uma certa consciência.

Devemos evitar que nossas ações e nossa imaturidade perturbem esse equilíbrio extraordinário que detém grandes tesouros de energia e merece respeito e compreensão.

Maio

1º de maio

O verdadeiro futuro do homem está em sua imortalidade.

Ter êxito na vida

O ser que se eleva e alcança um nível de consciência superior tem a possibilidade de se reconectar a seu programa original.

Respeitando a linha desse programa, ele saberá utilizar sua vida para construir seus veículos energéticos e se encontrar na consciência do universo, tornando sua existência um êxito.

Assim poderá explorar, com exatidão, os elementos de sua encarnação.

2 de maio

Para ter êxito nas grandes coisas,
que não se perca nas pequenas.

Agir com consciência

Observe as ações realizadas na inconsciência, pois quando são imprecisas, demasiadas e confusas, é difícil controlá-las.

A inconsciência representa, também, as ações induzidas sem clareza, que ultrapassaram sua capacidade de recentralização ou de reconhecimento do próprio limite.

Ao realizar algo, é importante refletir e se questionar: "Deus me autoriza a fazer isso?"

3 de maio

*Toda criatura, tendo sublimado
a criação que a sustenta,
pode fundir-se ao Criador.*

A alma imortal

A alma imortal se constrói através de atos ligados à vontade de redenção e aperfeiçoamento da criação.

A decisão de se elevar rumo ao plano da imortalidade trará até você a energia do Criador. Este encontro ajuda a constituir a alma imortal, que pode começar a se definir no campo do Ser Supremo.

4 de maio

*Somos ricos daquilo que
oferecemos ao mundo.*

Ser construtivo

É importante passar a vida construindo e deixando um traço de realizações atrás de nós. Julgamos a árvore pelos frutos.

Quanto mais construímos, mais nos aproximamos do Criador.

Aqueles que desejam fazer a viagem de retorno à fonte, devem criar algo que seja útil aos outros.

Essa realização será então utilizada por outros numa linha de construção permanente, que é o estado contínuo do Criador.

5 de maio

É pela força interior que somos percebidos pelo plano sutil celestial.

Encontrar seu mestre interior

Aquele que tem o direito de encontrar seu mestre interior, possui o meio de ressoar com a unidade.

Vivendo em um planeta difícil como a Terra, de elementos tão dispersivos, nossa consciência deve se concentrar para encontrar meios de impedir que nossa ressonância interior se disperse em zonas muito pesadas.

Devemos construir em nossa interioridade o canal de junção, que permite conservar a aliança com os planos superiores.

6 de maio

Não é ser santo o anormal.
Anormal é não o ser.

Seguir o caminho da santidade

Não tema dizer a todos aqueles que querem ouvir, que o amor da imensidão é o meio mais nobre para revelar sua alma, pois você estará dizendo uma das mais puras verdades.

É claro, não cubra seu ser de vestes pontificantes, nem lance mão de expressões pomposas para distribuir a paz.

Diga simplesmente àquele que busca seu caminho que se ele deseja permanecer desperto e leve em seu coração, o caminho a seguir é a santidade.

7 de maio

A alegria é um encanto azulado
que enche de céu a realidade.

Regenerar-se

Quando nos sentimos mal, devemos procurar compreender a origem desse estado. Será que nos encontramos estressados devido a um acontecimento?

É aconselhável, então, tentar nos regenerar, indo à natureza ou imaginando-a. Temos de reconstituir nossa aura, criando um espaço interior onde podemos respirar e nos sentir em harmonia.

Fazer também com que as energias luminosas e positivas penetrem em nosso interior, em nosso meio ambiente, a fim de neutralizar tudo o que nos perturba.

8 de maio

A criatura deve, por muito tempo, procurar fazer a conexão com seu Criador.

Conectar-se ao Criador

A conexão com nossa dimensão espiritual, como a imortalidade, não é um direito, mas uma possibilidade. Ela não se improvisa, não se sustenta automaticamente, mas é o resultado de uma aliança interdimensional, de um enorme trabalho e de um acompanhamento a cada instante, noite e dia.

Quem tem essa compreensão não tem mais tempo a perder, pois está animado por aquilo que é essencial.

9 de maio

Que prazer viajar através do tempo, quando num cintilar da luz, nasce uma outra consciência.

Maravilhar-se

Numa clara noite estrelada, não esqueça de admirar o céu.

Imagine que a Terra é uma grande nave, que atravessa o cosmos. Viaje com sua consciência da Terra à lua, ao sol, às estrelas, às galáxias, ao universo.

A partir dessa imensa beleza, faça vibrar em todo seu ser o sentido da bondade e da verdade.

10 de maio

A existência do homem pode ser justificada pelo simples papel que sua criatura desencadeia no equilíbrio energético do universo.

Realizar a harmonia

Para realizar a harmonia imanente e permanente, tenha consciência dos jogos extraordinários que se desenrolam no universo. A presença do Criador no seio da Criação e o conjunto de figuras que se integram umas nas outras.

No íntimo dessa conscientização, é possível sentir-se em ressonância com o que é imortal. Participar da obra sublime e indescritível do Espírito divino, que integra sua figura na mais ínfima parcela da criação, permitindo, a cada criatura, a união ao ato extraordinário que unifica sua intimidade ao que desde sempre existiu.

11 de maio

Não peça ajuda ao céu se ainda não começou a ajudar a si mesmo.

Saber decidir

Deixe-se guiar por aquele que lhe dá uma chave. Mas saiba, que uma vez que a chave lhe seja entregue, quem a deu não abrirá a porta em seu lugar.

Ter a chave não é suficiente para poder passar pela porta.

É você que tem de decidir chegar até a porta, localizar a fechadura, colocar a chave, abri-la e passar.

12 de maio

*Na suprema consciência de Deus,
não há criatura nem criação.*

Deixar a dualidade e a diferença

A noção de dualidade, de mãe ou pai, de vertical ou horizontal, está relacionada ao mundo da densidade e da diferença.

A Terra é um condensado de energia materializada. Mas a Terra original, Gea, é a energia primordial.

Partindo do conceito da dualidade e da diferença, é possível liberar-se dos mundos densos, para se conectar à origem.

De fato, a interioridade do universo existe há muito mais tempo do que a exterioridade. Na interioridade do universo a consciência e a energia são contíguas. E a partir do momento em que deixamos o estado da diferença, nos encontramos em Deus.

13 de maio

Ser apenas a mão a serviço do espírito.

Cooperar

É importante reconhecer que cada indivíduo está mais ou menos ligado a seu espírito superior. Quando nos encontramos num estado de espírito de cooperação e que nos colocamos em correlação com outros seres, somos determinantes para o meio ambiente.

Essa atitude é fundamental em nosso planeta, pois é dessa maneira que podemos entrar em ressonância com as civilizações que já alcançaram um nível de comunhão, para administrar a existência no plano da forma ou no plano sutil.

Estabelecendo essa comunicação, podemos ter uma percepção mais real do funcionamento do universo.

14 de maio

É através de uma série de escolhas que caminhamos em direção à nossa consciência.

A escolha

Afirmando o que escolhemos, determinamos a diferença daquilo que não escolhemos, apesar de todas as tentativas de persuasão e os pré-julgamentos que nos são impostos.

Devemos nos abster dos hábitos que dispersam as energias em direção ao que é inútil e banal, pois eles não provêm de nossa inspiração mais unitária.

Para isso, temos de reencontrar o que era nosso desejo original, retornar ao que éramos no início, quando crianças, mas com maior precisão, pois hoje somos mais experientes.

15 de maio

*Para desenvolver nossa consciência,
temos de ampliar nossos conhecimentos.
Mas sem esquecer de desenvolver
e aguçar nossa percepção.*

Desenvolver a consciência

A consciência não se descreve. Ela existe e se manifesta através de múltiplas facetas, cujas nuanças variam e interferem umas nas outras.

Para saber usar, virtuosamente, todos os seus potenciais, não se deixe enganar nem por si mesmo, nem pelos outros.

Estudar as estruturas de base da personalidade humana também ajuda a integrar, progressivamente, em si mesmo, os diversos aspectos da consciência.

16 de maio

O que rege o universo é a relação entre a consciência, a energia e a forma.

O mundo sutil

O mundo sutil é um mundo de energia, no qual a consciência pode existir em permanência, em continuidade com todos os elementos energéticos. A consciência e a energia são uma única coisa, não se separam como no mundo das formas onde, às vezes, a energia se apresenta tão condensada que as formas se dividem.

No mundo da energia, existe uma continuidade entre todos os planos e é possível, a todo o momento e em todos as partes do universo, ter instantaneamente acesso à informação desejada.

17 de maio

A transposição de uma verdade em filigrana para uma verdade em continuidade representa a diferença entre o saber e a compreensão.

A compreensão

Saber é um pouco como "se ver", projetar-se em uma imagem, que é o reflexo de uma ciência mais profunda que carregamos conosco. É ver algo que se encontra projetado no exterior.

Compreender é "conter em si", assimilar uma verdade, integrá-la em si mesmo.

Mas existem vários tipos de verdade. A verdade em filigrana pode-se discutir, pode-se ser a favor ou contra, permanece exterior. No entanto, a verdade contida em si é uma percepção puramente interna, ligada à interioridade real do ser e que lhe corresponde. Além do saber, é preciso ter acesso à compreensão.

18 de maio

Reencontrar Deus é entrar em comunhão com todas as criaturas do universo que, através do tempo e do espaço, têm a mesma fé que alimentamos.

A comunhão

Existem criaturas invisíveis que possuem uma percepção extremamente delicada e imediata da pulsação do universo, da harmonia das esferas e das interdimensões. A cada instante, suas vidas são perfeitamente adaptadas à ordem das formas criadas, visíveis e invisíveis.

Se deixarmos o individualismo de lado, poderemos nos aproximar dos anjos.

Para isso, é preciso primeiro conceber essa dimensão de comunhão, para depois realizá-la em seu interior.

19 de maio

Nosso tumulto interior é originado de tudo que deseja nascer através de nós.

Os talentos

Alguns receberam em seu nascimento a beleza, outros a saúde, a inteligência ou a sutilidade. Outros a espiritualidade, a faculdade de convencer ou a de ser sério.

Todos nós temos talentos, mas conhecemos e utilizamos ao máximo nossos talentos? Somos uma ideia única do divino, temos talentos particulares, excepcionais. Cada ser tem a possibilidade de realizar atos que, muitas vezes, nenhum outro é capaz de realizar.

20 de maio

A alma morre por não fazer o bem.

O papel da alma

Escolher o belo para o corpo e seu meio ambiente, o bem para a alma e suas intenções e o verdadeiro para o espírito e suas criações.

Se a alma não recebe a energia do amor, não pode guardar sua consistência, enfraquece e perde sua luz. Assim, é aconselhável não espalhar sua luz por todos os cantos, pois a preciosa energia da alma deve realizar, em permanência, a junção com o espírito.

Somente uma ação de inspiração superior, animada pelo sopro sensível de nosso interior, pode retornar à alma, pois o mundo é um reflexo. O amor é a substância da alma.

21 de maio

O espírito cósmico não poderá se aproximar do ser humano enquanto ele não aprender a dominar seu instinto animal.

O anjo e a fera

O ser que procura evoluir não pode ignorar a existência do "animal" que sustenta a vitalidade de seu corpo físico. Deve aceitá-lo, inicialmente. Não projetá-lo nos outros, para evitar tê-lo em si. Abordá-lo com prudência, com respeito das leis cósmicas e dos ritmos justos. Não se crer mais frágil nem mais forte do que ele, mas colocá-lo em seu justo lugar. É assim que devemos abordar essa fera para transformá-la em anjo. Aquele que quer se tornar um anjo deve, antes de voar aos céus, abordar o plano animal para desprender-se, através de uma lenta dissolução transmutatória, dos laços que o prendem à matéria.

22 de maio

Quanto mais o espírito criador intervém em um trabalho, mais artística se faz sua realização.

A solidão

A solidão é o lugar onde nos encontramos aprisionados à individualidade, ao egoísmo, ao medo, à limitação e mesmo à morte se não reagirmos. Para evitar chegar a esse estado, temos de nos elevar a um nível onde possamos criar, participar do ato criador e perceber a comunhão com o "campo" do universo, que é também o "canto", a música das esferas.

Essa doce harmonia permite entrar em ressonância com os atos criadores e contribui para a extraordinária coordenação interdimensional, onde tudo busca a perfeição.

23 de maio

*O ser iluminado vive na certeza
da plenitude eterna.*

A iluminação

A origem de nosso ser e o centro de nossa consciência se situam num campo unitário, que é possível conceber somente em um certo estado de consciência e além de nosso corpo físico. O corpo físico que é comparável a uma pequena caixa de fósforos, limita completamente nossa percepção do que é a intemporalidade e a plenitude.

Na realidade, quando nos encontramos no campo unitário, não existe o centro. Pois estamos, simultaneamente, em todos os lugares e vivemos em uma plenitude total. Este estado podemos chamar de iluminação. Quando alcançamos este nível, sentimos a maravilhosa presença divina e conhecemos a potência de Deus, que rege tudo pela onisciência, onipotência e onipresença.

24 de maio

A alma sabe que há um anjo velando sobre as mínimas coisas.

Aliar-se às dimensões sutis

O corpo físico está ligado à dimensões sutis, que o acompanham e o reconstroem permanentemente. Podemos nos aproximar dessas dimensões e ajudá-las nesse reequilíbrio permanente.

Se somos inconscientes, uma parte de nossa energia se dispersa e sofremos graves desequilíbrios em nossa natureza.

Tendo consciência deste fato, seremos fortificados em todos os aspectos de nossa personalidade.

25 de maio

Existe uma longa e secreta preparação para os eventos exteriores e interiores.

Antes de dormir

É aconselhável nunca adormecer antes de ver resolvidos os conflitos ou afrontamentos que tivemos com outros, pois durante o sono eles se agravam e criam bloqueios no corpo físico. Isso impede que as energias circulem corretamente.

Ao despertar, se não tivermos o poder de nos elevar a um nível vibratório mais alto antes que nossa consciência-energia retorne a nosso corpo, corremos o risco de atrair coisas negativas que vão ser geradas utilizando nosso corpo físico.

26 de maio

*Para estar em harmonia com
Deus é preciso se unificar.*

Pertencer à Terra ou ao Cosmo

Uns dizem "Eu pertenço à Terra" e outros afirmam "Estou incluído no Cosmo".

Aquele que se sente ligado ao Cosmo não rejeita nenhuma de suas partes. Integra, progressivamente, todas suas ações em uma unificação completa. Sabe que transporta em si uma possibilidade de ressonância direta com os mundos superiores.

Assim, poderá viver sempre as diferentes facetas do seu ser cósmico, representadas na Terra.

27 de maio

A prosa anda, a poesia dança.

O voo poético

Existe na consonância poética um voo que permite sair do cotidiano, reencontrar mundos bastante elevados e, sobretudo, fazer ressoar em si aquilo que não se pode viver em condições normais da vida. Durante um encontro com a poesia, vindo a sentir uma certa emoção, viva-a em sua alma, dê a sua mais delicada essência a possibilidade de respirar, pulsar e vibrar no infinito.

Emita ondas que coloquem em ressonância a totalidade de sua natureza energética com tudo aquilo que, no universo, poderá entrar em comunhão com essa dimensão poética.

28 de maio

O humano, como o grão, pode dormir no armazém, ser moído para o pão, florescer na terra ou morrer por nada.

Referências e influências

Estamos em evolução permanente: temos milhares e milhares de células que nascem e morrem diariamente.

Nosso corpo físico é extremamente flutuante.

Somos suscetíveis a todos os tipos de influências vindas da Terra, do Sol, da Galáxia, do Universo.

Devemos encontrar nossas referências internas no meio de todas essas transformações, tentar compreendê-las, para receber do meio ambiente o que é, exatamente, adaptado à nossa criatura.

29 de maio

Para se elevar e se liberar, é preciso transformar, transmutar o mal desencadeado por si mesmo no passado e no presente.

Transmutar

Esforçar-se a cada instante para transmutar:
o eu individual em ser universal,
a agressividade em amor,
a desarmonia em beleza,
a má-fé em verdade,
o prazer egoísta em comunhão sagrada,
a exploração do homem em cooperação universal,
o inconsciente em supraconsciente,
o desengano em entusiasmo,
a condição mortal em estado imortal.

30 de maio

A felicidade é como uma doce feminilidade e a coragem como uma nobre verdade que a sustenta e protege.

O campo da felicidade

Para ter êxito na vida, é aconselhável consagrar seu tempo e dar muita atenção aos momentos essenciais. Procurar descontrair-se e ser feliz, pois o campo da felicidade é aquele do Criador. A vida dos que têm essa chance se desenrola sob o olhar abençoado de Deus.

Portanto, se quisermos que Deus seja o protetor de tudo o que se desencadeia, milagrosamente, em nossa vida, devemos refletir sobre o papel que nossa presença, como seres humanos, pode ter no campo da felicidade divina.

31 de maio

O amor é o desejo sublimado, a ação é o desejo concretizado.

Reencontrar sua flama

Existe no coração do ser humano uma imensa riqueza: a capacidade de reencontrar a flama, o entusiasmo e o impulso em direção à perfeição.

Semeando em nós essa aliança, ela nos transforma. Assim não seremos mais influenciados pelos pequenos medos, pelas pequenas angústias e limitações. Participaremos das mudanças daquilo que está ao nosso redor. Seremos banhados em um campo de luz. Teremos no interior a fé e a confiança.

Junho

1º de junho

A vaidade é uma flor estéril.

A vaidade

A vaidade leva o ser à afirmação de seu eu em detrimento de sua personalidade essencial e original. Essa situação faz com que o vaidoso crie papéis nos quais vai se investir, deixando sua essência para ser, simplesmente, o resultado do papel no qual se colocou.

Essa ação não é liberadora, pois ela aprisiona o ser. Em todas as suas ações, procure avaliar a parte do orgulho que deforma as faculdades do intelecto e coloca-se ao serviço de uma causa mortal e limitada. Antes de agir, procure sempre ter a presença da alma e do espírito dentro de si.

2 de junho

O pensamento de um homem está eternamente presente no que escreveu de justo.

Beleza, bondade e verdade

Para a sobrevivência de nossa dimensão superior, é indispensável, ao menos uma vez por dia, entrar em comunhão com algo belo, bom ou verdadeiro.

É preciso criar elementos que permitam manter-nos em um nível superior de consciência e de energia e reuni-los para constituir uma infindável reserva de luz, que venha a ser utilizada nos momentos difíceis.

3 de junho

Não há nada mais desesperador que o fato de procurar no exterior aquilo que já possuímos em nosso interior, adormecido por efeito de nossa preguiça.

Uma nova percepção

É importante estimular-se todos os dias para não funcionar no mesmo espaço-temporal imposto pelo destino.

Não deveríamos jamais, por simples preguiça, colocar sempre o mesmo programa em nosso computador interno.

No lugar de caminhar continuamente em um pequeno atalho de pedras, procure ter uma nova percepção das coisas e desenvolva sua capacidade superior, a fim de compreender melhor o universo.

4 de junho

Utilize seu corpo criando no interior um templo d'alma e de imortalidade espiritual.

Curar-se

Existindo uma linha espiritual e uma qualidade de energia no interior de um ser e em seu meio ambiente, milagres podem se produzir no corpo físico. Muitas pessoas foram curadas porque tomaram a decisão de se curar.

A doença e a morte estão ligadas a uma desorganização das estruturas harmônicas. Para se curar, é necessário ter a ousadia de abandonar um modo de vida e um meio ambiente desfavoráveis e ir ao encontro do sentido interior da harmonia e do equilíbrio, participando assim da corrente de energia universal.

5 de junho

*A totalidade contém também
a evolução permanente.*

Entrar em comunhão com o Criador

Quando entramos em comunhão com a presença maravilhosamente infinita do Criador, participamos da palpitação absoluta do universo e percebemos a beleza de sua exatidão.

Desse modo, cada instante se torna extraordinário, compreendemos que tudo é ligado e que nosso corpo é o universo inteiro.

Devemos reger nossa natureza para que ela ressoe com o espírito divino e vá ao encontro do estado transcendente, onde a consciência pode conceber a participação íntima de nossa vida, nossa alma e nosso espírito no funcionamento permanente do universo.

6 de junho

*Existe no coração miríades de brilhantes
de amor que podem inundar de
luz a alma das crianças puras.*

A plenitude

Todo o mundo repousa no amor. É a via da verdadeira compreensão, pois amando participamos do motivo de existência de cada coisa. A vibração do amor é uma força de coesão, que une todas as formas da criação.

O amor dirige a síntese das formas, é o alvo de toda busca da essência da realidade. Ele nos põe em contato com o mundo divino, já que resume, em um só estado, tudo o que pode existir para a consciência.

7 de junho

O corpo físico existe para que possamos aprender a administrar os movimentos de energia no cosmo e, assim, alcançar a imortalidade do espírito criador.

Um instrumento ideal

O corpo físico, construído a partir de uma densidade especial emprestada à Terra, é um instrumento ideal de negociação com as forças de condensação ligadas à matéria.

Ele permite cumprir as ações que não podem ser realizadas nos mundos do espírito ou da energia.

Para retornar ao seio do Criador, devemos utilizar esse instrumento no tratamento da matéria, absorvendo os elementos indispensáveis para nossa realização em um nível de consciência-energia mais elevado.

8 de junho

É no espírito que o informal toma forma, organizando as forças da energia universal para sua manifestação.

A corrente de energia universal

Para entrar, a cada instante, na corrente da energia universal, realize algo que seja cada vez mais qualitativo, evolutivo e conectado às dimensões superiores.

Observe se em todos os níveis de seu ser, você faz viver sua alma e seu espírito. É importante energizar-se em totalidade para que a harmonia exista em seu interior.

9 de junho

Frequentemente, corremos atrás de felicidades exteriores negligenciando a delicadeza de uma felicidade interior, que pode até já existir se prestarmos atenção nela.

Encontrar a felicidade

Para encontrar a felicidade, que é um estágio energético ligado a uma consciência superior, temos de sair da agitação artificial e buscar a tranquilidade, reconstituir o que é essencial e criar condições para que tal estágio possa sobreviver em nosso interior.

Para isso, é preciso organizar nossa existência a partir de uma visão interna, responder às exigências externas de forma seletiva, resistir às coisas inúteis e definir em nós a verdade e a consciência.

10 de junho

Aquele que impõe respeito é o que respeita, antes de tudo, o que deve ser realizado.

Tornar nossa existência sagrada

Para estabilizar nossa existência a um nível mais elevado, é importante estar sempre atento ao que diz respeito à dimensão espiritual, à sustentação mental, às relações afetivas e psíquicas, ao meio ambiente, ao controle de nossa vitalidade, ao funcionamento de nosso corpo, ao tipo de encontro que efetuamos e aos reagrupamentos sócio-humanos a que aderimos.

A fim de ter uma existência mais sagrada devemos, também, geometrizar, arquitetar e conectar o espaço em que vivemos e habitamos ao plano da ciência unitária.

11 de junho

Só poderemos nos reintegrar às dimensões superiores quando nossos corpos sutis forem reconstruídos.

O corpo energético

Em nossa existência, temos de consagrar o máximo de tempo à constituição de um corpo energético, que possa ser suficientemente coordenado e funcional em uma dimensão de energia e não precise mais voltar a um corpo físico para se guiar no universo.

Nossa existência não pode se resumir apenas ao trabalho do plano material.

Devemos, ao contrário, nos preocupar mais com o lado sutil, a fim de que nossa bela dimensão de alma possa viver em nosso corpo físico.

12 de junho

*A compreensão tem sempre
um perfume de criação.*

Da dúvida à certeza

Quando temos acesso ao instante extraordinário em que nos encontramos em adequação com a verdade, passamos da dúvida à certeza. Quanto mais sabemos, mais temos dúvidas. Mas quanto mais compreendemos, mais temos certeza.

O saber dá lugar à inúmeras discussões que acabam semeando ainda mais dúvidas, pois existem mais argumentos a favor das dúvidas do que a favor da certeza.

A compreensão, ao contrário, provém de uma percepção interior, mesmo em caso de discussão. Tudo que não faz parte dessa percepção é eliminado e tudo que faz parte se integra perfeitamente em nós. Esse encontro com a compreensão é um fator importante na unificação do ser.

13 de junho

No anoitecer da vida, o futuro se transforma em passado para aqueles que não acreditaram suficientemente na imortalidade.

Fazer o essencial antes de tudo

Usar nosso coração para o Céu pode nos levar bem alto. No entanto, utilizar nossa vida apenas para a Terra pode nos rebaixar.

É importante procurar um equilíbrio, refletir a cada um de nossos atos e questionar: "Quanto tempo dedicamos à nossa união ao Céu, ao serviço divino?"

Não deveríamos prever nada sem antes ter feito o essencial.

14 de junho

*Todas as nossas metamorfoses são
as primaveras de nossa vida.*

A essência de nossa natureza

A evolução de um ser se mede frente à facilidade com que pode manifestar a essência de sua natureza. Definir-se é algo delicado. Para ter êxito, é necessário, muitas vezes, se desapegar dos dogmas, culturas e condicionamentos ligados à uma época ou a um espaço geográfico, que podem anular a personalidade do ser.

Uma vez conquistada a percepção da essência de sua identidade, é preciso ainda encontrar a maneira através da qual ela poderá se exprimir.

15 de junho

Deus vive simultaneamente em inspiração e expiração.

Inspirar e expirar

Aquele que rege bem sua existência não esquece nunca que Deus funciona, simultaneamente, em inspiração e expiração. Em um plano de desmaterialização, como em um plano de materialização. Razão pela qual Ele respeita perfeitamente o caminho daqueles que expiram e acompanha sempre o caminho daqueles que se inspiram do espírito.

Há planos onde o expirar é quase o único existente e planos onde o inspirar poderia existir. Mas, os dois são completamente diferentes do que é Deus, que é o expirar e o inspirar em perfeita simultaneidade.

16 de junho

O amor se troca, o ideal se compartilha.

Ajudar uns aos outros

Quando amigos se reúnem para compartilhar o caminho que seguem, podem conseguir, juntos, remediar a fraqueza de um ou de outro.

Sentindo-se só, até mesmo sem ter vontade de reencontrar Deus, mas estando rodeado de pessoas que trazem nelas uma animação interior inelutável, o elã, a força e o florescimento que transportam, tornam-se como uma fonte de graça e de iluminação que pode fazer com que retomemos a coragem e a fé.

17 de junho

Para compreender os planos sutis, é preciso separar as leis dos fatos, e para compreender os planos espirituais, é preciso recorrer aos princípios das leis.

Conectar-se ao cosmos

Cosmos significa ordem em grego. Para se ligar ao cosmos, é indispensável colocar-se em ordem. Compreender os fatos, as leis e os princípios que regem nossa existência e nossa criatura. Como nos situar entre a Criação e o Criador? Qual é o papel de nossa existência no equilíbrio da harmonia universal?

São as questões que devemos responder buscando compreender exatamente as tramas aparentes e invisíveis que regem a existência.

18 de junho

As tristezas da vida aparecem quando nos esquecemos dos bons "truques" que trazem a felicidade.

Qualidade de energia

Para se sentir feliz e equilibrado, é importante respeitar uma certa limpeza do psique, ter consciência de nossos limites, saber qual tipo de energia deixamos entrar em nosso interior, organizar nossa vida, moradia e trabalho, preservando uma certa qualidade de energia, indispensável para manter uma dimensão psíquica espontânea e equilibrada.

Isto nem sempre é fácil, em um mundo materialista que não reconhece os valores da alma, nem do espírito. É preciso lutar para consolidar uma originalidade que não caia nos padrões quantitativos.

19 de junho

Cada flor perfuma o ar com uma tênue mensagem de presença imortal.

Reencontrar a presença de Deus

O que importa na existência é reencontrar a presença de Deus em tudo. O essencial é poder retornar a Deus.

Quando nos unimos a Deus, temos a explicação de tudo o que se passa nos mundos exteriores e podemos receber os ensinamentos de consciência que fazem parte dos planos de Deus. É possível, assim, reatar nossa aliança com o céu.

20 de junho

Deus é a mais singela das totalidades.

Ter a mestria da multiplicidade

A primeira coisa que o plano da unidade nos pede, é ter o controle da multiplicidade e da diferença. No entanto, devemos ser ao mesmo tempo únicos e múltiplos, pois Deus é a totalidade.

Para ser completo, é importante integrar sua unidade em uma harmoniosa comunicação com a multiplicidade.

A consciência representaria a unidade, a relação harmoniosa para com a multiplicidade poderia ser representada pelo amor.

21 de junho

Uma pessoa tem medo da morte quando não vê nada mais que seu corpo físico.

Viver sem medo

Temos medo quando nos integramos demais ao mundo da forma e ao corpo físico. A partir do momento em que não estamos mais tão ligados a esse processo, o medo nos deixa. O corpo físico ligado à matéria e à gravitação pode morrer, mas nossa energia e nosso espírito não morrem.

Devemos procurar viver mais em contato com os planos sutis, que são a continuidade de nosso ser em outras dimensões.

22 de junho

Existem correspondências secretas entre aquilo que recebemos, o que sentimos e o que emitimos.

Um meio ambiente harmonioso

Se um indivíduo quiser ver sua consciência aumentar a ponto de entrar em contato com a consciência de seu Criador, deve manter-se atento às suas percepções. Se são, frequentemente, percepções desagradáveis, não harmoniosas, agressivas, isso significa que ele vive em um nível inferior e que tem, infelizmente, uma visão muito materialista do mundo.

Procure conhecer seu meio ambiente, a fim de ter percepções facilmente integráveis ao campo de seus conhecimentos.

23 de junho

A imensidão só se dá àqueles que têm o poder de concebê-la.

Voar ou se enraizar?

Nosso organismo se encontra constituído, ao mesmo tempo, de energias provenientes de forças telúricas, da biosfera e de energias cósmicas.

O corpo físico pode ser orientado tanto no sentido do enraizamento e da captação das forças terrestres, quanto no sentido do voo e da integração às forças cósmicas. Isso depende da orientação de nossas escolhas e do tipo de gestão que decidimos impor ao nosso modo de vida.

É indispensável ter essas noções sempre em mente, para compreender como o meio ambiente pode evoluir e modificar-se em função das escolhas que fizermos.

24 de junho

Para amplificar o impulso de sua alma rumo à transcendência, é preciso tornar ressonantes os instantes de felicidade, em várias dimensões.

O impulso interior

Em todos os momentos, reencontre em seu interior qual é, verdadeiramente, seu estímulo, o que você tem realmente vontade de fazer, e procure a origem desse desejo.

Tente se regenerar e distinguir a figura essencial que se encontra na fronteira da alma, que se resume em algo bem preciso, exato, muito belo e diretamente ligado à bondade e à verdade.

25 de junho

*A consciência das interdimensões
é um elemento fundamental na
existência do ser humano.*

Sentir as correntes de energia

Devemos aprender a distinguir no meio ambiente formalizado o que é perigoso e o que não é. E no plano sutil, o que temos de evitar e o que temos de integrar, o que é preciso transformar e o que pode ser unificado.

Os campos psíquicos são extremamente complexos, pois não são somente de origem terrestre e humana. As correntes de energia vêm da Terra, da humanidade, de outros reinos ou de outros planetas, das zonas de espaços-temporais em que se encontra o indivíduo.

Sintonizado às interdimensões, o indivíduo se liga pouco a pouco a uma dimensão de consciência suscetível de existir no mundo da energia.

26 de junho

O amor universal tem um coração sutil, que se encontra no interior de cada um, no alto do peito.

Cultivar as flores do paraíso

Quando conseguimos criar à nossa volta um meio ambiente relativamente homogêneo e controlar as forças inferiores que podem nos agredir e nos deprimir, a energia serena da alma se manifesta.

Podemos, então, entrar em comunhão com o universo e, assim, conhecer de novo a doçura, a confiança e a paz. Voltamos a ser a bela criatura feita para cultivar as flores do paraíso, ou seja, podemos emitir essa energia preciosa que permite alimentar as flores do céu e os planos de luz.

O nosso verdadeiro destino deveria ser o de cultivar as flores do paraíso.

27 de junho

*Ninguém tem direito à certeza do céu,
senão aqueles que lutaram para alcançá-lo.*

Caminhar rumo à imortalidade

Devemos nos elevar, cessar de nos dispersar e procurar definir exatamente nossas lacunas, nossas tentações, a energia que perdemos nos conflitos psíquicos e na fascinação que temos pelo mundo materialista.

Não devemos buscar no exterior a força que precisamos, mas dentro de nós. É um trabalho contínuo que permite reconstruir-nos interiormente. Quando deixarmos este mundo, não teremos mais bens materiais, bagagens, nem roupas, mais nada.

Eis porque é necessário restabelecer nossa comunicação com o essencial e retomar consciência de nosso caminho rumo à imortalidade.

28 de junho

A porta estreita é, sobretudo, a da alma pura e sensível, exigindo muita delicadeza para alcançar o amor espiritual.

Criar em torno de si universos mágicos

É interessante fazer um balanço de tudo que sabemos, de tudo que conhecemos. É um exercício que permite contatar as dimensões superiores.

Reunir belas imagens, textos, poemas, objetos delicados que poderão nos colocar em ressonância com a parte sutil do nosso ser. Consagrar realmente uma parte do nosso tempo ao serviço divino e criar um ambiente de universos mágicos que facilitem esse contato.

29 de junho

O estresse é uma advertência da consciência superior. Um sinal de que não vivemos o que deveríamos viver para nosso desenvolvimento interior.

A noção do limite

O estresse expressa a falta de continuidade entre a consciência superior e a mente inferior. Isso faz o indivíduo perder a noção de limite, distanciando-se da harmonia cósmica na qual o corpo não corre mais nenhum perigo.

Aqueles que vivem além de seus limites estão sempre em estado de estresse e só podem sair dessa situação voltando-se para o interior de seu ser. Isso é possível quando colocamos novamente nossa mente inferior em contato direto com a consciência superior.

30 de junho

Nosso infinito existe conforme nossa unidade.

A nota certa

Só poderá haver qualidades precisas em nossa alma quando esta, como uma corda que vibra, estiver afinada a ponto de definir exatamente o equilíbrio de nossa criatura.

Em um instrumento musical, para obter o som mais bonito de uma corda, não podemos tocá-la nem com muita, nem com pouca força. Temos de achar o tom certo.

Para encontrar em nós essa nota que deverá estar em boa sintonia e poderá se integrar na harmonia das esferas, devemos transmutar aquilo que nos pesa, para que nossa corda não se encontre estirada demais.

Julho

1° de julho

Para poder voar, é preciso brincar
mais com os reflexos infinitos
do imaginário e do sonho.

"Imagerar"

Um dos grandes problemas de nossa época vem da assustadora suscitação dos estímulos ambientais e de todas as fascinações ilusórias enviadas à consciência humana, que inibem, progressivamente, sua capacidade de imaginação.

A queda começa ao se limitar o imaginário, ou melhor, a capacidade de imaginação criativa.

Quando o indivíduo começa a perder sua riqueza interior, tende a ficar fascinado por qualquer elemento exterior que se apresente.

É importante reservar sempre um espaço interior para a originalidade de seu imaginário.

2 de julho

Saber fecundar a paz pela fé.

A paz

Para criar a sutilidade, a harmonia e a unidade, é importante viver em um ambiente pacífico e desfazer-se de tudo que nos distancia desse sereno estado de espírito.

Examine na vida e nos ambientes todos os focos de desconfiança, agressão e explosão que precisam ser controlados.

Procure sempre harmonizar esses focos, limpá-los e, principalmente, liberá-los de tudo aquilo que pode impedi-los de conhecer a paz.

3 de julho

O amor deve se livrar das tensões da vida para aderir à quietude do espírito.

A relação amorosa

A relação amorosa representa, tanto para o homem como para a mulher, um campo experimental que é preciso saber reger muito bem. No entanto, cada um deve aprender a conservar a noção interna de sua identidade, de seu processo evolutivo e de seus limites, para propiciar ao outro os elementos que servirão à sua realização interior, mas preservando sempre sua própria energia identidade.

Situe, cotidianamente, suas emoções e busque viver a dimensão amorosa conectada à transcendência espiritual. Ao desenvolver a noção do altruísmo em sua vida, o amor e a generosidade podem irradiar-se, estendendo-se à sua volta e protegendo sua parte interna e sutil, que mantém a comunhão com o espírito superior.

4 de julho

O homem é um anjo que se ilumina quando sua chama se acende.

A pureza

Cuide do despertar de suas faculdades de elevação, de harmonização, de exuberância, de verdade, de respeito, de quietude, de serenidade e de grandeza.

Reencontre o que você é, sem qualquer artifício, sem disparidade, sem inexatidão e sem fraqueza. Saiba simplificar-se, ser menos problemático. Busque sair da multiplicidade para caminhar rumo à unidade.

É esta energia particular de retorno à unidade que o fará viajar e poderá conduzi-lo a uma dimensão mais precisa, mais luminosa e mais bela, já que mais homogênea.

Não existe descontinuidade no plano da luz, mas uma pureza, harmonia, essa simplicidade e essa vibração pura, que nos fazem sentir tão bem.

5 de julho

Temos uma de nossas mãos para amar e outra para unir.

O sentido da missão

O que faz a transcendência da vida humana é a manifestação intensa de sua missão. Ao desenvolver o sentido desta missão somos levados a conceber nossa vida de forma completamente diferente, pois passamos a não pensar apenas em nossa existência.

Retomamos a sequência de nossa história. Uma história mensageira que será possível concluir, pois temos a ciência em nós.

Podemos conhecer, em todos os níveis de nossa vida, o único meio que temos de estar com Deus: servi-lo com exatidão.

6 de julho

O céu reuniu o vale e a montanha.
Aquele que deseja encontrar sua
via não vê mais a diferença.

Sair da diferença

Para se ajustar ao que é, desde sempre, o conselho é abstrair-se dos mundos de energias demasiado densas e liberar-se dos conceitos da diferença. Quando não estamos mais na diferença, mas na interioridade do universo, estamos em Deus.

Deus não nos espera para ser, Ele é. Nós é que saímos do universo interior.

Devemos, portanto, procurar viver em um nível vibratório elevado, deixar os mundos densos demais, para reencontrar a unidade, pois é a condição de densidade que nos faz mergulhar na ilusão da diferença e nos separa da plenitude infinita do campo unitário.

7 de julho

O homem realizado deve ser como um sol rodeado de planetas que ele ilumina.

Aperfeiçoar-se

É importante considerar que os seres à nossa volta se desenvolvem como plantas e flores, e refletir: "o que eu poderia fazer para ajudar o aperfeiçoamento desta ou daquela pessoa?"

Às vezes, basta dizer a alguém uma pequena palavra, aparentemente pouco importante, mas que se evidencia fundamental, pois seria simplesmente o elo que lhe faltava e que precisava receber do plano da exatidão.

Participando do desenvolvimento de um ser, desencadeamos também nosso próprio aperfeiçoamento, pois tudo está ligado.

8 de julho

*Para que o amor se aproxime,
basta imaginá-lo.*

O reino interior

Volte-se para o reino interior, onde existe outro olhar para a vida e em seu coração o direito de amar o divino.

Sinta como ao desejo pode se acrescentar o elã e ao elã pode se somar a ciência.

Há no Céu um lugar onde o sol não é tão poderoso como aquele que se vê, pois ele é a iniciação interior.

Se você tem o desejo de encontrar seu viajante interno, aquele que o conduzirá até à fonte primeira, guarde em si esse sol, que é, ao mesmo tempo, a consciência e a energia.

9 de julho

O homem digno pode tornar mágica qualquer situação ao enobrecê-la pela firmeza e pelo ideal.

O espírito de conquista

Se almejamos nos aperfeiçoar na vida, é com espírito de conquista que podemos avançar, apesar dos obstáculos. Para isso temos de ter força de vontade, determinação, coragem e positividade.

Para vencer são necessárias inúmeras qualidades: grande fé, tenacidade considerável, boa reserva de energia, organização, lucidez aguda, estabilidade conveniente e um engajamento seguro.

10 de julho

A viagem da alma é gestação, nascimento, existência, amadurecimento, antes da inocência mortal.

Eventos felizes

Os eventos felizes e leves trazem o bem-estar interior e um contato com o divino.

Acontece, às vezes, que ao querer organizar eventos extraordinários e fastuosos, eles acabam sendo pesados, duros e desinteressantes, pois não levam à felicidade.

Por outro lado, uma acumulação de pequenos momentos felizes pode iluminar a vida.

Quando nos encontramos em um nível vibratório onde é possível viver a qualidade preciosa dos momentos suaves, simples, graciosos e muito delicados, temos a possibilidade de entrar em contato com a dimensão divina.

11 de julho

A livre circulação de energias conduz, naturalmente, à realização de sua missão.

Consciência do absoluto

Desenvolvendo nossas capacidades potenciais, aproximamo-nos da consciência absoluta no seio da energia pura.

Quanto mais informações temos a respeito do que realmente se passa, mais próximos estamos da consciência e somos iluminados.

E quanto mais nos liberamos dos níveis de condensação heterogêneos, opacos e impuros, mais nos aproximamos da energia pura, que é a alma do universo que envolve o espírito.

12 de julho

Sempre devemos ter em mente a razão de nossa existência.

O livre-arbítrio

Existe em cada um a vontade de fazer suas próprias experiências, mas é melhor utilizar o livre-arbítrio nos limites ajustados ao mundo espiritual.

O espírito tem influência sutilizadora sobre o mundo superior da energia e a forma tem influência materializante sobre a parte inferior da energia.

Para o retorno à fonte original, temos que manter nossa existência em um nível de acordo com a energia ligada ao espírito.

13 de julho

O verdadeiro amor é uma luz que nenhum vento apaga ou atiça.

Amor interior e amor exterior

A afetividade pode estar completamente projetada no exterior ou ser interiorizada. A luz é um pouco como a afetividade: pode se projetar inteiramente no exterior e, nesse caso, vai se apagando progressivamente. Quando isso se produz, perde-se o contato com as dimensões superiores, o que é lamentável.

Busque interiorizar sua dimensão de amor, que deve poder fecundar a alma e construir a aliança com a sutilidade e a dimensão espiritual.

14 de julho

Não basta sempre extrair o sutil do espesso. Também, às vezes, é preciso saber excluir o espesso do sutil.

Contato com o divino

A criatura humana deve retomar o contato com o divino e saber que tal contato somente é possível sob certas condições realizadas não apenas em seu interior, mas também em seu próprio ambiente.

Para se colocar nessas condições particulares é importante não se dispersar no que é acessório e tentar se reportar ao essencial.

A meditação pode ajudar, quando inspirada na ideia de se unir a uma dimensão de consciência e de amor transcendentes, que suscita toda a nossa natureza, renovando-a e imortalizando-a.

15 de julho

Uma grande decisão é como uma semente: muita preparação é necessária antes de sua germinação.

Manter a rota

Somos uma criatura em evolução. Somos, então, uma chance de imortalidade. Por isso, devemos refletir sobre como regemos os elementos de nossa existência.

Temos necessidade de um direcionamento para avançar e de uma decisão interior de continuidade para manter na mesma meta todos os níveis de nossa condição: mental, afetiva, vital, físico, financeira e material.

Somos o comandante de nossa própria nave. Os responsáveis pela condução dessa nave, para levar a cabo nossa viagem de retorno ao imortal.

16 de julho

Envelhecer de forma saudável é se desembaraçar de tudo aquilo que é inútil à sabedoria imortal.

Saber envelhecer

Envelhecer fisicamente é aceitar a progressiva alteração das células em suas divisões sucessivas. Para viver bem essa situação, é importante estar sempre se reconectando a seu esquema referencial de origem.

Envelhecer psiquicamente é não limpar suficientemente todos os registros emocionais da vida, que sem reflexão se acumulam nos momentos trepidantes da existência.

Envelhecer intelectualmente é perder a memória. Para evitá-lo é preciso sintetizar as noções essenciais e nelas concentrar a atenção.

Assim é que se avança progressivamente rumo à consciência imortal.

17 de julho

Para se julgar, é preciso olhar o que foi realizado com os meios que se encontravam à nossa disposição.

A semente e a árvore

Não é no dia em que a semente é plantada que se veem a árvore e o fruto. É bem mais tarde.

Assim, cada vez que plantamos uma semente, devemos procurar ver no que ela vai se tornar nos anos vindouros. Teremos, talvez, o desejo de plantar mais ou de nada plantar.

É importante sempre ter em vista o que advirá de nossos atos.

18 de julho

Morremos quando não ousamos mais nos superar.

Superar-se

A maioria das pessoas pode encontrar um certo equilíbrio no que vivem, o que é bom. Mas, em geral, essa situação em relação a todo potencial existente é limitada.

De fato, são pessoas que atingiram um determinado grau de sucesso. Apesar disso, pode-se dizer que permanecem na penumbra das folhagens, sem nunca desejar se elevar para atingir o cume das árvores e expor-se à luz.

Para evoluir, é preciso pensar constantemente em se elevar, pois assim pode ser encontrada uma nova luz que permita ver o horizonte em sua totalidade.

19 de julho

A vida sempre explora os primeiros passos entusiásticos para fazer deles um longo percurso.

A alegria interior

Reflita sobre a origem da expressão de felicidade existente na vivacidade da juventude. Pense na alegria interior, no entusiasmo, na agradável dimensão de comunhão.

Recorde-se dos melhores momentos de sua vida, onde tenha circulado um impulso fantástico e um elã intenso, inflando o peito com elevação rumo à uma certa luz.

Tente reencontrar esses momentos que desencadeiam uma emoção, uma jovialidade, uma alegria interior, fazendo-os ressoar bem forte em todo o seu ser.

20 de julho

A vida nada oferece àqueles que nada lhe acrescentem.

O dharma

O dharma é o fato de solucionar uma situação que, interdimensionalmente, não deve mais se perpetuar. Para conseguir isso, é bom criar a harmonização ao redor de si, e não apenas no plano da forma.

Para aumentar nosso dharma, não temos obrigatoriamente que praticar ações brilhantes, reconhecidas como de utilidade pública.

Basta, às vezes, estar presente, nos disponibilizar quando uma pessoa vem a nós ou quando sabemos que ela está em dificuldade.

21 de julho

*Deus espera que nós decidamos
ser o canal de Sua perfeição.*

Amar e dar

Não podemos evoluir se não temos uma emissão para as dimensões superiores.

Ela deve ser bastante forte para que essas dimensões possam manter o contato conosco.

É importante não perder nosso tempo permanecendo em níveis inferiores, pois não somente os planos superiores não virão até nós, como também, vivendo num nível baixo demais, o campo de energia que criamos à nossa volta, alimentará mais os planos inferiores do que as dimensões angelicais.

22 de julho

A natureza fala diretamente àquele que não necessita de traduções mentais, filosóficas ou religiosas.

A vida natural

Para se manter em forma, fique em contato com as energias primordiais da natureza. Elas o pacificarão e o ajudarão a reencontrar sua força.

O corpo não se nutre apenas de alimentos, mas também de energias etéricas regeneradoras.

Em um bosque, ao vento, dentro da água ou sob o sol, encontre a fluência espontânea que lhe permite comunicar-se com os diferentes elementos da natureza.

23 de julho

*A arte pode ser a ponte entre
a natureza e Deus.*

Criar

Cada ser é uma faceta do pensamento criador que se manifesta pela energia universal para o mundo da forma e da matéria.

Podemos, pelo exercício de uma arte, abrir janelas de comunicação entre nossa essência particular e o universo para enriquecer o Deus experiencial da evolução, complemento do Deus imóvel.

24 de julho

*Para ganhar é preciso saber perder
aquilo que decidimos abandonar.*

Quem perde, ganha

Não há assimilação sem expurgos. O organismo integra e excreta continuamente. No mundo do pensamento e da energia, devemos assegurar o respeito a essa lei natural, selecionando o que vem em nossa direção e retendo apenas o que seja positivo.

Essa seleção permite maximizar a harmonização e a evolução de nossa vida interior e exterior.

25 de julho

É em contato com os outros que provamos nossa sabedoria.

Ressoar com a sabedoria

É bom ter uma comunhão com todos aqueles que consideramos sábios, com os espíritos superiores que existiram na Terra ou no Universo, desenvolvendo assim nossa cultura mental concreta e histórica e também nossa mente abstrata, para conceber filosofias ou refletir sobre as existentes.

É interessante perceber o ensinamento que está escondido atrás da formulação, a experiência que conduz o ser a tal tomada de consciência. Isso facilita nossa elevação a planos de consciência-energia superiores e nos libera da gravitação que, com frequência, nos encerra de tal modo que interrompe nossa ligação com a dimensão espiritual.

26 de julho

*Vamos sempre buscar muito longe
o que já trazemos em nós.*

O viajante

O viajante exterior corre através do mundo e se sobrecarrega de potências exógenas.

O viajante interior permanece imóvel.

Vêm ao seu encontro aqueles que, buscando sua presença interior, lhe trazem de todos os horizontes informações, alianças e formas que podem ser utilizadas na sua realização alquímica espiritual final. A viagem interior é mais bela que todas as viagens exteriores.

27 de julho

Poderemos ter a compreensão de nós mesmos apenas quando tivermos reunido, em um só ato, o arco do corpo, a corda da alma e a flecha do espírito.

O elã fundamental que nos anima

O ser humano deve compreender que o elã fundamental que o anima e o impulsiona a buscar a maior das aventuras, a mais difícil conquista, é a preparação da grande viagem rumo à eternidade.

Enquanto não compreender isso, estará perdendo seu tempo e energia, utilizando esse elã para se deixar levar por todas as tentações falaciosas do mundo. Não conclui o que seu espírito superior lhe determina: reunificar inteiramente suas energias para alcançar o êxito final de sua existência, ou seja, a realização do sentido imortal de seu corpo, de sua alma e de seu espírito.

28 de julho

O entusiasmo floresce em uma terra de sabedoria, banhada de generosidade.

A figura celestial

Pense antes de agir! E quando agir, ame antes de tudo a celeste figura, pois de todos os instantes um único é capaz de ajustá-lo ao Pai: aquele que você terá consagrado à santa verdade.

Afaste de si tudo o que não é a santa aliança e ajude sua consciência superior a concluir o que foi começado!

Um novo elã poderá se irradiar e se elevar em seu interior e ao seu redor para oferecer essa doçura que detém, a cada instante, o segredo do amor e da candura.

29 de julho

A ressonância deve ser guiada pelo Espírito.

A transparência

A evolução do ser humano se desenvolve entre a opacidade da matéria e a invisibilidade do espírito.

A transparência está para o espírito como a opalescência está para a opacidade.

Transparente quer dizer "trans", além de; "parência", além da aparência. Para cultivar a transparência, é preciso estar em ressonância com o que está além da aparência.

Esta ação pede a presença do espírito e de uma sensibilidade sutil, que permite captar o que os cincos sentidos ordinários não podem captar.

30 de julho

A dispersão é o anti-Deus.
A concentração é contatar Deus.

A concentração

Estar concentrado é, principalmente, saber distinguir o que impede isso e o que o permite, pois concentrado quer dizer "com-centrado", centrado com.

Para estar concentrado, elimine tudo o que dificulta esse estado e conserve o que facilita a concentração.

Isso exige, preliminarmente, uma seleção dos elementos aos quais você se encontra vinculado.

31 de julho

O tédio provém da falta de imaginação, ou seja, do contato com o Espírito Criador.

Imaginar sua felicidade

A felicidade reside na faculdade de estar atento ao que é bem ou mal, num dado momento. É por isso que algumas pessoas são amáveis e sorridentes, enquanto outras estão sempre mal humoradas. Você constroi diariamente sua felicidade ou sua infelicidade.

A felicidade depende muito de dinâmica e imaginação. Quando todo o horizonte parece fechado, pode-se ainda afastar as nuvens e deixar transparecer a luz. Se não for capaz de fazê-lo por si mesmo, tente isso com a ajuda de outros.

Cultivar a felicidade é reservar um espaço para a pequena flor, a pequena relação amigável, reunindo assim, os meios para sair da infelicidade que pode sobrevir a todo instante.

Agosto

1º de agosto

O acesso à sabedoria é uma nova juventude.

Retornar à fonte

Apesar das situações difíceis que podemos atravessar na vida, é essencial agir sempre com calma, tendo em mente a noção do que representa, realmente, a harmonia e a sabedoria.

Alimente-se dessa sabedoria, pois é assim que é possível se desprender, aos poucos, das suscitações distrativas, das perturbações, das coisas vãs e inúteis.

2 de agosto

O corpo é essa feminilidade que a mente deve banhar de energia e amor, antes de ser oferecido ao espírito.

O templo do espírito

O corpo é o espelho da alma. Aquele que vivencia uma purificação física emana uma beleza e magnetismo particulares.

É importante ter cuidado com a nutrição, escolhendo alimentos leves e sadios, de preferência vegetarianos.

O corpo físico nos foi emprestado durante o tempo de nossa encarnação. Devemos, portanto, respeitá-lo, para que ele seja realmente o templo de nossa alma e de nosso espírito.

3 de agosto

Ultrapassar a paixão para viver a comunhão.

Da paixão à comunhão

Aquele que se prende à paixão, não conhecerá jamais a afeição sublime, que conduz à comunhão espiritual.

A paixão anuvia a consciência e a focaliza na forma, enquanto que o amor espiritual realiza a comunicação com as hierarquias de luz, que envolvem a consciência da verdade absoluta.

Para ir além da paixão é conveniente viver o verdadeiro amor, o amor da comunhão com o divino.

4 de agosto

*Para retornar à fonte-origem, fazer
o caminho inverso a toda criação
de uma forma sutil e iniciática.*

A aspiração de nossa alma

Quando realizamos algo, é importante questionar-nos sobre o que esperamos alcançar através dessa realização? O que a alma quer dizer e a que aspira, impelindo-nos a fazer isso ou aquilo? O que busca encontrar?

Devemos procurar nos conectar à fonte e distinguir a figura essencial que nos inspira e que se resume em um ato bem preciso, exato, belo, diretamente em acordo com a bondade e a verdade.

Reunir, gota a gota, todos os elementos que envolvem esse maravilhoso cristal original, que por sua perfeição, será o mais belo dos berços de luz. Reencontrar enfim essa flor, que por sua cor e expressão pura, traz nela o perfume essencial.

5 de agosto

Chamamos de "homem" aquele que tenta superar suas fraquezas.

A firmeza

Os seres costumam ser infelizes porque não têm firmeza nem força suficiente para, realmente, criar a felicidade. São tomados por uma fraqueza que não conseguem superar, que os deixa tristes e os aprisiona.

Criticam sempre os outros por aquilo que, em geral, são incapazes de realizar.

Para se afirmar e viver feliz, é preciso reconstituir-se, sem cessar, de uma maneira muito firme, ativa e decidida.

6 de agosto

Nenhuma vida exterior intensa pode perdurar sem a vida interior que a renove.

A luz interior

Devemos criar a possibilidade de ver brilhar a luz através de cada um de nossos atos, a fim de que se manifeste no exterior a presença de uma luz interior da alma aliada à luz do espírito.

A vida pode ser muito bela se conseguirmos, a cada instante, manter-nos em contato com a dimensão do espírito e da energia original. Assim, todas as nossas obras serão iluminadas a partir do interior.

7 de agosto

O equilíbrio é alcançado quando amor e consciência se fundem.

Amor e consciência

O amor sem a consciência conduz ao erro ou à paixão avassaladora.

Não basta dar. É preciso fazê-lo sendo justo, dando paz a quem precisa e conhecimento a quem o reclama, e não o contrário.

É indispensável saber cultivar quando se semeia, ou seja, alimentar material, psíquica, intelectual, sutil e espiritualmente os seres, até que possam fazer, também, o mesmo pelos outros.

Este é o verdadeiro amor.

8 de agosto

Em qualquer circunstância jamais esqueça o perfume das flores.

O entusiasmo

É importante ressuscitar em nós algo que estamos sempre esquecendo: o ideal, o elã, a espiritualidade verdadeira, o entusiasmo – do grego *entheos*, o Deus interior.

É preciso estimular esse entusiasmo e sair da passividade na qual vivemos, tomados pelos hábitos que nos prendem às necessidades do corpo.

Todos os dias pense em alimentar seu ideal e seu entusiasmo mantendo-se assim na alegria permanente de viver.

9 de agosto

Nunca resistir à tentação de elevação.

Sentir-se realizado

Deixe-se insuflar pelo pensamento positivo e repita interiormente:

"Sou a harmonia". Sinto-me perfeitamente integrado na pulsação permanente do universo.

Meu corpo, minha alma e meu espírito são banhados por esse sopro fecundante, que revela minha força e minha vida.

Sinto-me forte e alegre no âmago de toda essa harmonia. Dou minha participação e todas as minhas faculdades para a elaboração de um ser melhor para a humanidade inteira.

Agradeço por todos os benefícios que recebo de todos aqueles que me rodeiam e me precederam.

Envio um pensamento de amor e de harmonia a todos aqueles que aliaram suas vidas para que se realize a paz, a alegria e a ciência interior.

10 de agosto

A exatidão nos une à Deus.

O objetivo

Com frequência, a utilização de certos meios consome tanta energia que acabamos esquecendo o objetivo almejado. Sempre que possível, medite e refaça o contato com o seu objetivo. Não minta mais a si mesmo e aos outros. Não se deixe dispersar pelo que é secundário, domine os diversos medos e conte sempre com suas próprias forças.

Desencadeie no seu ambiente e campo de energia tudo o que é necessário para viver em um plano de exatidão.

11 de agosto

*Construir-se como um
exemplo para si mesmo.*

Promover a paz e a serenidade

Todas as manhãs, para obter um clima de paz e serenidade, decida que a harmonia e o equilíbrio estarão presentes em todas as suas atividades.

Durante o dia, pense sempre em renovar sua aliança com as dimensões sutis.

Saiba que toda reação impetuosa demais cria perturbações e o deprime. Intervenha, portanto, o menos possível de maneira violenta. Pelo contrário, busque manter em seu interior o senso de pacificação e de harmonia, que transformam a energia de maneira suave e sutil.

12 de agosto

É preciso velar pelo anjo que habita em nós e parar de lhe causar tanto mal.

Mensageiro do espírito

Recobre a confiança na vida, reencontre a fé, seja positivo e cada vez mais feliz.

Todos os dias procure purificar-se, revigorar-se, iluminar-se, reconstruir-se e formular ideias positivas.

Libere-se de todos os velhos reflexos, que o fazem cair sempre nos mesmos hábitos.

Para ser um mensageiro do espírito, purifique-se completamente e se inspire na alegria de estar vivo e ligado a Deus.

13 de agosto

O que é chamado de inimigo é, muitas vezes, o lembrete de nossa inexatidão.

Respeito à exatidão

A exatidão não é apenas o acesso à uma consciência superior, é também uma reação contra a inexatidão, a dissimulação e a mentira. É uma afirmação, uma decisão e uma clarificação.

A falta de exatidão leva a desvios como o erro, o pecado, o mal e a iniquidade, que não devem ser confundidos. O erro pode ser devido à uma confusão. O pecado é a reprodução desse erro conscientemente. O mal consiste em saber que se faz o mal e se tem prazer nisso. Quanto à iniquidade, é fazer o mal e rir disso.

Não se deixe levar por esses desvios e afirme em si o respeito pela exatidão.

14 de agosto

A vida dos seres humanos é apenas uma consequência de algo que se passou bem antes.

Da forma ao sutil

O mundo da forma e todas suas implicações é, somente, o resíduo de outras operações que se passam em planos espirituais e sutis.

Por essa razão, aqueles que alcançam níveis superiores de consciência e energia podem prever o porvir e, realmente, compreender o sentido interior das manifestações formais.

Estando à escuta das dimensões espirituais, podemos ser sensibilizados por essa trama que rege todas as coisas.

15 de agosto

*O amor no coração faz perceber
a beleza da alma.*

Abençoar

Em todos os momentos devemos poder abençoar. Abençoar todas as coisas, todos os seres.

Abençoar é querer o bem. Não é apenas uma ação mental. É uma ação de ressonância interior que se alia diretamente à luz, à bondade divina.

Tudo é ligado, pois a beleza da luz e o espírito da bondade são os caminhos que conduzem à verdade.

E a verdade somente pode jorrar da fonte através do cálice da bondade.

16 de agosto

O frescor de um ar puro é o incenso mais sutil para contatar o divino.

A vida interior

Para construir nossa dimensão interior é indispensável nos curarmos do negativo desejo da diferença, da separação, da mentira, da inexatidão, do ato errôneo e da inadequação, em relação à energia e à consciência superior.

Escute o apelo da vida interior, ela habita dentro de nós, é nosso guia, está presente em cada instante, ela nos dá o elã e nos redimensiona na linha do que é nossa salvação.

17 de agosto

A provação tem a ver com nossas falhas.

Mestria das provações

A abertura numa barragem aparece quando o sinal de um vazamento chama a atenção. Do mesmo jeito, as provações são muitas vezes a manifestação brutal de uma fissura ocultada na forma, no psíquico ou no intelecto.

Procure remontar à origem da manifestação e corrigir essa falha, se não quiser ver, continuamente, a provação representada com o ensinamento nela contido.

18 de agosto

A cada novo dia temos a possibilidade de nos tornar tão belos quanto Deus nos concebeu.

O ser cósmico

Somos um ser cósmico e temos o poder de mudar a situação do ser material e do ser sutil existentes em nós.

É possível sair de uma inferiorização de nossa existência, pois somos suscetíveis de passar a um outro nível de consciência-energia e de mestria.

É necessário liberar-se de uma instintividade e de uma afetividade descontroladas.

Assim poderemos reencontrar a identidade de nosso eu ligada à unidade.

19 de agosto

*Perdendo a vida apenas se devolve
o que foi emprestado.*

O que será nosso pós-vida?

Podemos pensar que seremos livres após a morte, que nossa existência se passará em um paraíso ou que nada mais teremos a fazer, pois nossa vida será perfeitamente reconciliada à unidade.

Podemos crer que basta termos formulado pensamentos de paz e de serenidade, para viver na paz e na serenidade.

Porém, em realidade, o que fizermos durante esta vida será determinante para a sequência, já que a vida não é um instante isolado, mas uma fase que integra uma continuidade. Temos um programa e é extremamente importante realizá-lo.

20 de agosto

Aquilo que foi vivido está para o passado e o que foi conquistado está para o futuro.

Manifestação e motivação

Toda situação humana é constituída de uma manifestação exterior e de uma motivação interior. O peso do passado, dos dogmas e das tradições, freia toda nova manifestação, pois deforma a motivação interior.

Aquele que deseja evoluir deve se esforçar para definir sua verdadeira motivação, desembaraçando-a de todo julgamento exterior.

21 de agosto

*É preciso ousar atingir o
que está além de nós.*

O futuro

Na realidade, somos todos conectados ao centro de uma coordenação total que podemos chamar de Deus.

Num dado momento e em determinada condição, Deus pode ser tudo o que nos precede na evolução: pai, guia, hierarquia superior visível e invisível.

Portanto, para progredir rumo a Deus, é necessário atingir o nível em que seja possível perceber no horizonte o futuro que esperamos alcançar.

22 de agosto

A felicidade reside no amor dirigido a Deus.

A benção divina

Temos sempre de fazer escolhas entre situações propostas por Deus. Para fazer essas escolhas, é preciso ser exato, pois Deus gosta das pessoas que sabem ser decididas e podem se colocar em perfeita comunhão com Ele.

Uma vez em companhia da benevolência divina, podemos levar esse êxtase a outros, pois transportaremos uma dimensão cheia de doçura, de fineza e de luz.

23 de agosto
O som é o suporte de uma vibração que equilibra a alma e que pode também fazer vibrar a matéria.

Cantar

Utilizar o canto para se elevar pede uma reflexão sobre as diversas manifestações do som, que vão do grito animal ao canto sagrado.

Nos níveis inferiores do ser, o grito dá acesso a potências subjacentes.

Em um plano mais intermediário, o canto revela uma comunicação com o outro em tonalidade mais ou menos passional.

Abordando o canto religioso que eleva e de uma forma mais precisa o mantra, associado a palavras-força ligadas diretamente a uma concentração espiritual perfeita, desencadeia-se a mutação imediata de um sistema de potência que se une a uma consciência superior. Nesse caso, o canto se torna um ato operacional determinante.

24 de agosto

Submeta-se às provações da vida, mas não perca o senso de humor...

Rir

Nunca se esquecer de que o humor e o riso estão entre os melhores meios de reequilíbrio do psiquismo. Procure sempre viver situações que permitam rir.

Idealmente seria necessário poder rir ao menos quinze minutos por dia.

Entretanto, o riso deve ser controlado, ou seja, canalizado, para ser liberador e nos aliviar com fineza, força e intensidade.

25 de agosto

Temos todas as chances de nos enganar quando escutamos os outros e não a nossa consciência.

Receber a verdade

A verdade não se impõe, chega no momento em que estamos prontos para recebê-la. Estando muito envolvidos por planos inferiores e exteriores, a tendência é nos separar de nossa vida interior. Resta-nos pouca força e chance para ajustarmos à verdade, que parecerá distante, enevoada, difícil de distinguir.

Para que possamos percebê-la e integrá-la, devemos nos desprender das amarras dos mundos materiais, inferiores e exteriores.

Sejamos unificados, na expectativa de um encontro com a verdade e dispostos a recebê-la, pois, uma vez que ela se evidencie, há um ajuste e alcançamos a certeza.

26 de agosto

Apreciamos aqueles que conseguem manter sua identidade com sabedoria, sem orgulho e egoísmo em demasia.

Orgulho e realização

O orgulho é interessante na medida em que permite concluir certos empreendimentos.

No entanto, com frequência, quando um ser tem altivez suficiente para realizar algo, a vida o põe à prova com algumas humilhações, para levá-lo cuidadosamente à sabedoria e à prudência.

É preciso estar atento ao que representa o orgulho, que é um motor de realização e que deve ser sempre acompanhado de uma real inteligência e de um verdadeiro altruísmo.

27 de agosto

O grande jogo é o esforço contínuo que fazem todas as criaturas para sair de uma imperfeição que se encontra na própria origem da existência.

A perseverança

A perseverança é um elemento essencial para vencer na vida. Devemos perseverar nas ações que representem êxito para nossa evolução.

Deixando-nos guiar por nossa força interior e inspirados pela sabedoria de nossa alma, podemos atravessar todos os obstáculos.

Não podemos parar diante da primeira dificuldade, mas persistir com firmeza, preservando a calma e a sensatez. É bom enfrentar cada dificuldade e aprender com isso, como um exercício destinado a fortalecer nossa decisão interna.

28 de agosto

*O ideal respaldado pela vontade
pode corrigir o real.*

Destino, vontade, providência

Pode-se escapar ao destino atingindo um nível de destino mais elevado. Mas, isso pede uma elevação vibratória e a intervenção da vontade.

Existem três níveis de evolução: o do destino, o da vontade e, indo mais alto, o da providência.

Ao atingir o campo da providência, dimensões superiores podem intervir para nos ajudar a viver um modo de existência muito mais elevado. É preciso, muita força de vontade para passar de um destino ordinário a uma vida mais avançada, dirigida por dimensões superiores.

29 de agosto

O divino no homem é o homem em si mesmo, imortal em espírito e sutil essência.

O divino em nós

O que conta na existência é a essencialidade do ato, sua justeza, sua ligação com o espírito e sua integração nas correntes cósmicas permanentes. É a percepção maravilhosa da presença divina, que revela a nobreza no ser e dá a impressão interior de sucesso.

É importante a preservação do princípio interno de nossa natureza, a ponto de vir a ser o representante deste princípio e manifestá-lo.

Sendo o motor dessa renovação, algo fantástico acontece: a ressurreição do maravilhoso e do divino em nós.

30 de agosto

*Cada instante é uma
gota da eternidade.*

Magia do instante

Ressoar a cada dia com aquilo que quase nunca se fala e quando possível transmitir, às almas sensíveis amigas:

A flor que se inclina suavemente embalada pelo sopro da brisa...
O raio de sol que dança nos reflexos da água...
A borboleta que nos roça com sua asa diáfana...
A percepção interna do indizível em carícias do inefável.

Podemos assim viver a magia da vida e participar do reencontro maravilhoso e vibrante com nossa essencialidade.

31 de agosto

Fazer sempre a síntese do Pai que constroi e da Mãe que transforma.

A androginia

Quanto mais se desce rumo ao reino animal, mais a sexualidade é diferenciada. Quanto mais se eleva nos planos dos anjos, menos existe a diferença.

Portanto, é necessário transmutar progressivamente nossa parte animal para que nosso ser humano possa viver em um nível mais cósmico.

Afinando-se e estruturando-se, a mulher poderá entrar em comunhão com sua correspondência energética masculina, o animus. E o homem ao se sutilizar entrará em comunhão com sua correspondência feminina, a anima. Cada um poderá se sentir mais desperto, mais completo e encontrar seu ser andrógino.

Setembro

1º de setembro

Ninguém pode chegar ao fim de uma viagem sem provar sua capacidade de determinação.

A confiança

É importante estar atentos às decepções que se acumulam e nos fazem perder a confiança.

Reagir e não cair no automatismo da desconfiança, pois perdendo a confiança, perdemos o contato com nossa alma. E sem esse contato, perdemos, também, a ligação com nosso espírito superior.

Todavia, se formos fortes e conseguirmos nos levantar, o que deve vir a nós virá e nos sustentará.

2 de setembro

Os idealistas, os criativos, os construtores de novas ideias são os verdadeiros tesouros da humanidade.

Associar-se ao ato criador

É importante criar, pois criando estimulamos nossa parte espiritual, que alimenta continuamente a energia pura, permitindo que se manifestem, a cada instante, melhorias em relação a tudo o que tenha sido feito até então.

Esse processo nos proporciona a alegria de entrar no âmago da criação.

A maior riqueza da existência é podermos nos associar ao ato criador, pois assim a vibração interna do espírito age imediatamente em nós e a energia despertada responde à essa vibração.

3 de setembro

Satisfazer-se em não ser nada mais que humano dificulta o acesso à potencialidade cósmica imortal.

Vencer os obstáculos

Para viver bem, é preciso libertar-nos dos obstáculos que possam existir em nós. Assim, acabamos por crer que essas limitações são normais. Esquecemos que, em outras condições, com uma nova energia, um novo entusiasmo, uma nova fé, essas limitações podem desaparecer completamente.

Devemos desenvolver a faculdade de distinguir o que nos faz bem, e não nos perder numa profusão de elementos externos que tomam muito tempo e energia.

É essencial nos realimentarmos interiormente, com a ideia de ir ao encontro dessa energia que pode nos renovar diariamente.

4 de setembro

Fazer uma pausa na vida para meditar sobre o peso do mal que se praticou.

Vencer a cólera

A cólera, sob todas as formas, é um elemento que destrói completamente as possibilidades de reinserção em planos superiores.

As deformações que a cólera traz consigo, tais como os boatos e a calúnia, inspiram a destruição, o ódio e a agressão. Transforma totalmente o ser, não dando qualquer chance dele se livrar do sistema de violência que o prende em ações e reações do carma, das quais não consegue se liberar.

Para livrar-se da cólera e apaziguar-se, é indispensável poder abençoar aqueles que nos rodeiam e nosso meio ambiente.

5 de setembro

*A verdade não se impõe,
ela ressoa.*

Uma nova visão

Não se abandone preguiçosamente aos critérios morais e aos costumes. Determine-se a ter uma visão nova das coisas. Aplique-se em fecundá-la e animá-la de tal modo que possa estar verdadeiramente em acordo com a consciência de Deus.

Amplifique sua percepção íntima do plano da perfeição da consciência-energia divina.

Tome a decisão interior de agir conforme a vontade de Deus e faça tudo para assemelhar-se à sua perfeição em todos os âmbitos.

6 de setembro

*O paraíso é conquistado
por esforço próprio.*

Realizar as aspirações

É preciso avaliar o equilíbrio existente entre nossas aspirações, nossas decisões e nossas possibilidades. Alguns têm aspirações elevadas, mas não têm ânimo. Outros têm aspirações e ânimo, mas não têm muitas possibilidades. E alguns ainda, têm possibilidades, mas não têm nem ânimo nem espírito de decisão.

Para evoluir, devemos ter em nós o equilíbrio. Primeiramente devemos decidir e em seguida ter força de vontade para sustentar tal decisão, criando as condições que darão a possibilidade de agir.

7 de setembro

A riqueza é a intenção da alma, a impressão interior. A pobreza é a possessibilidade, o anseio de ter.

O amor passional

O amor passional é um fogo que queima certas condensações psíquicas. Entretanto, ele deve ser controlado para não invadir as dimensões superiores e sutis da afetividade. O elã ideal do amor pode ser assim progressivamente enfraquecido pelo individualismo e pelos interesses.

O amor passional descontrolado carrega sempre sentimentos de ciúmes, ódio e um desejo de posse.

Devemos aprender a ultrapassar esse funcionamento, ele nos distancia de nossa essência e da possibilidade de viver em paz.

8 de setembro

Após muito tempo buscando a verdade, resta ainda vivê-la para comprová-la.

Viver

Levante, ande, corra, voe, ria, chore, saiba dançar como o vento ou extravasar livremente seus sentimentos, como uma criança feliz ao encontrar outra criança.

Libere-se e não discuta mais. Olhe os outros como imagens de si mesmo. Eles não estão aí para julgá-lo, mas para fazê-lo refletir. Amando-os, eles o amarão.

Alegrando-os, eles o alegrarão. Ensinando-os, eles o ensinarão. Tornando-os felizes, eles o farão feliz.

É assim que começa a viagem... Vá e cante!

9 de setembro

Ao refletir e expor a verdade, cada célula do corpo se unifica em um elã de amor, reunindo todos os esforços em um único objetivo.

A dimensão celestial

Podemos construir nossa dimensão celestial ao afirmar: "Hoje estou decidido a me elevar e a ajudar as pessoas com as quais estou em comunhão a evoluírem".

Mas, essa ascensão deve ser vivida em um nível vibratório elevado, onde possa existir o contato com a transcendência, para que a luz gerada nesse encontro permita a cada um construir seu ser superior.

10 de setembro

A flor de nossa alma segrega a cada dia um pouco de néctar para as borboletas do céu.

A flor sutil

Para ser inspirado pelas borboletas celestes, ou seja, os espíritos superiores, devemos cultivar uma bela flor sutil, nos planos vibratórios superiores, pela transformação energética de nossas forças de base em direção às dimensões espirituais.

Mas além da bela forma e de seu perfume, devemos produzir um néctar que alimenta, uma concentração meditativa, que permita transmutar a vitalidade em um néctar agradável ao divino.

11 de setembro

O segredo do cultivo está no respeito ao tempo necessário para o desenvolvimento de cada semente do espírito.

Criar nossa vida

É essencial criar o universo no qual desejamos viver nossa interioridade. Nossa vida resulta do que escolhemos e do que construímos.

Não devemos nos abandonar às criações completamente deformadas e díspares, mas utilizar nossa força criativa para que nossas obras sejam religadas a um mundo de beleza, de bondade e de verdade.

12 de setembro

*Não atuamos jamais sozinhos.
Simplesmente, aqueles que
nos acompanham nem sempre
possuem uma forma física.*

As fontes de inspiração

O corpo é um veículo convergente no qual se encontram dois polos: o dos planos de potência ligados à matéria e à criação e o dos planos de consciência ligados à consciência criadora.

Até os trinta anos, aproximadamente, o corpo está, sobretudo, submetido às potências que mantém sua coesão.

É somente depois que os circuitos superiores e espirituais do ser tomam a direção do corpo, se não houve excesso de erros desde o início da existência. As inspirações não vêm sempre da mesma fonte e é melhor saber distinguir a origem antes de agir.

13 de setembro

A felicidade depende de uma gestão harmoniosa do equilíbrio entre um egoísmo que rasteja e um elevado altruísmo.

Visão Universal

É aconselhável se distanciar de todo funcionamento radicalmente egoísta e limitado, que jamais permite entrar em contato telepático interdimensional com as consciências superiores, que têm em permanência uma visão universal e global da harmonia.

Da mesma forma, é necessário desenvolver uma consciência global da humanidade e deste planeta, bem como dos demais planetas do universo.

14 de setembro

A mente é o grande elo de junção com as outras dimensões.

A consciência superior

Para lutar contra o estresse é importante elevar o mental pessoal até a consciência superior suprapessoal.

Concentrar-se de maneira suficientemente precisa para que uma linha de junção se estabeleça com a consciência superior, que poderá enviar à mente informações que produzam no interior do ser uma ordenação, uma compenetração, uma rearmonização, eliminando assim o estresse.

15 de setembro

No jogo da vida, é importante definir exatamente o objetivo e não perdê-lo de vista quando se parte à conquista dos meios.

Saber, querer, ousar, calar-se

Os fins e os meios são sistemas que não trabalham no mesmo nível, em absoluto.

É difícil definir qual é o objetivo a atingir, entre o florilégio de todos aqueles que nos são propostos. A partir do momento que o conhecemos, ainda é preciso ver se existem os meios de atingi-lo. Em seguida, é necessário desencadear o desejo de criar uma base de força de vontade, pois não basta saber qual é seu objetivo. O fundamental é querer alcançá-lo.

Nessa conquista, o principal é dar a partida, vencer a inércia e os primeiros obstáculos.

Chegando no último estágio, é importante saber calar-se, pois é o momento de entrar em ação e fazer aquilo que se tem de realizar.

16 de setembro

*A alma sabe distinguir o
sutil, o útil e o fútil.*

Dialogar com os mundos sutis

Se em nossa vida, ao invés de nos engajarmos em todo tipo de coisas exteriores e formais, fizermos esforços para perceber a presença de planos sutis, poderemos firmar alianças e dialogar com eles, organizando experiências úteis para nosso próprio ensinamento e o dos planos sutis associados.

Em seguida, é preciso fazer a síntese de todas essas experiências, a fim de extrair delas a quintaessência.

17 de setembro

Transforme-se até encontrar as respostas a todas as suas questões.

A imensidão

Quando se está mergulhado na incerteza, na dúvida, na obscuridade, isso é o resultado de uma forte descida energética no plano da condensação, onde se perde o contato com a alma sutil, ligação indispensável com o espírito superior.

Para sair desse estado, é aconselhável realimentar-se interiormente, purificar-se, liberar-se de amarras pesadas e ponderar sobre a importância dos problemas materiais perante a imensidão do tempo, do espaço e do funcionamento universal.

18 de setembro

Meditar no coração da noite permite unir-se à consciência imortal no infinito.

Afirmar a presença de Deus

Temos Deus em nós. Utilizemos a força da consciência, o amor, a energia vital e o equilíbrio necessário para afirmar sua presença apesar de tudo, até mesmo no fundo do abismo.

É preciso conhecê-lo e assemelhar-nos a Ele para que possamos ir ao seu encontro.

O raio de sol ilumina o ar, as flores, as paisagens maravilhosas. Mas penetra também nas valas, nos mais assustadores abismos, levando luz aos locais mais horrendos.

19 de setembro

Criar o belo é colaborar com Deus na realização de seu plano.

A felicidade da alma

Organize sua vida para ser feliz e deixe de perpetuar tensões e desarmonias provenientes, simplesmente, de uma negligência ou de um mau trabalho.

Crie, sem cessar, elementos essenciais à felicidade da alma, pois sua dimensão criativa deve poder transformar toda situação difícil.

Imagine a mudança, concretize-a, tenha um pouco de fantasia, e afaste-se do totalitarismo materialista que é a antifelicidade. Busque emergir sua alma com toda delicadeza que isso representa, criando o espaço necessário para que ela possa viver e projetar-se.

20 de setembro

É apaixonante aquele que tem uma relação interna consigo mesmo.

Referências interiores

Na existência, seja qual for a situação e o campo de energia nos quais vivemos nossa experiência, é indispensável ter um referencial essencial, que obtemos pelo contato permanente com nossa dimensão interna. Essa referência não pode ser exterior, pois ela representa uma noção interna da exatidão.

Nossa dimensão interior deve ser mais forte que nossa dimensão exterior e quando nos perdemos é porque seguimos mais os movimentos exteriores.

Devemos, todos os dias, vigiar nossa exterioridade em função de nossas referências internas.

21 de setembro

O que não é inocência em nós, é que nos faz envelhecer e morrer.

Fluir

O que provoca o envelhecimento no ser é a incapacidade de ter um elã entusiástico tão jovial quanto aquele que tínhamos na juventude. A juventude não se mede pela idade do corpo mas, sobretudo, pela vivacidade.

Quanto mais envelhecemos mais temos informações, mais acumulamos experiências, mais recebemos choques e mais nos organizamos para não levantar nossas forças de maneira desordenada, com risco de acabar por obstruir completamente nossa espontaneidade. Para evitar a cristalização, devemos nos esforçar para encontrar, ao menos em parte, a espontaneidade primeira de nossa juventude.

22 de setembro
Desejando se purificar, faça com que a luz de seu espírito ilumine o que o fogo do seu coração deve queimar.

Iluminar os planos obscuros

Com frequência, nas situações da vida, as pessoas se veem obrigadas a se servir do negativo para neutralizar o negativo, já que duas negações valem uma afirmação. É preciso "servir-se do veneno como remédio", como diz o velho ditado.

Tendo luz suficiente, é possível iluminar completamente os planos obscuros e fazer a luz avançar até as partes cristalizadas ou sombrias demais.

Procure sempre conservar dentro de seu ser uma certa luz, para não precisar mais anular o negativo com remédio de igual efeito.

Podendo assim iluminar todos os níveis do consciente e do inconsciente por essa presença transcendente do supraconsciente, que por si mesmo consegue harmonizar tudo.

23 de setembro

*Quem não exerce a escolha,
é escolhido.*

Ser um gestor do universo

A encarnação dá a possibilidade ao ser humano de desenvolver a consciência de si.

Dotado de livre-arbítrio, ele deve ter o controle de seus limites para poder se tornar um gestor do universo.

Enquanto o ser não for capaz de se definir com suficiente precisão e demonstrar claramente a validade de suas escolhas, corre o risco de se desviar de sua verdade, por opções exteriores que sabem se impor de forma mais insidiosa.

24 de setembro

*Não há muitas certezas válidas.
Mas, atingir a transcendência e o imortal,
vale todos os tesouros do mundo.*

Afirmar a transcendência

É a perfeição que sopra as verdades e formulá-las é se impregnar delas. O mundo materialista e profano não permite que os indivíduos em ressonância com a transcendência afirmem sua consonância.

Aqueles que portam a transcendência em si são impulsionados por uma força para que sua natureza se eleve a um alto nível e afirme, contra tudo, a existência de uma dimensão superior e de arquétipos cósmicos que se encontram além da vida humana ordinária e da vida animal. A afirmação desta transcendência exige força, energia e coragem, mas é importante poder assinar esses momentos de imortalidade na encarnação.

25 de setembro

Cada instante cósmico é único.

O instante cósmico

Viajamos incessantemente no universo a uma grande velocidade e, em geral, nossa inconsciência nos retarda em relação ao jogo do instante presente, que pode nos ensinar uma nova dimensão de consciência e de energia.

É preciso criar situações nas quais possamos reencontrar o instante cósmico e recuperar essa linha que nos une a nossa presença imortal, pois se existe a imortalidade, ela se encontra desde já presente para aqueles que são imortais. Conhecemos todos os instantes em que tivemos a impressão de sermos exatos. E quando nos aproximamos dessa situação, passamos a ficar de acordo com a harmonia universal. É isto o instante cósmico.

26 de setembro

*Trazemos em alguma parte de nós
o reflexo de todos os outros.*

Retornar ao que somos

Liberar-se do carma é, de algum modo, livrar sua própria interioridade do programa de outros que, num dado momento, tenha interferido no seu próprio programa deformando-o a ponto de retardá-lo ou até mesmo impedir qualquer avanço.

É importante reagir diante desta situação, refletir, tomar novas disposições e atitudes a fim de gerir essas interferências perturbadoras.

27 de setembro

*Fora da plenitude do absoluto,
tudo é parcial.*

Decidir

Nada tenha a temer, ainda que agora sem riqueza e abalado pelo sofrimento e ignorância.

O amanhã haverá de ser renovado. Mas, com uma condição: decida-se, no mais profundo de seu ser, em ter apenas um único amor, uma só alegria, um único desejo, um único elã em direção daquele que chamamos de Deus, mas que se nomeia flor, sol, perfume, doçura ou bem, potência infinita, imensidão, eternidade. Aquele para o qual não existe nenhum limite, a não ser o imposto pela ignorância e fraca decisão das pessoas em tomar o absoluto como o único domínio de sua alma.

28 de setembro

Após anos de sofrimento, quando já se esgotaram todos os prazeres da vida e as afabilidades do amor, restam ainda as alegrias do espírito.

A essência da alegria

Para compreender a essência da alegria, é importante situá-la através dos diversos níveis do ser.

No nível físico, são as brincadeiras comuns aos animais e aos humanos, que divertem. No nível do sexo e da vitalidade é o prazer. No nível do coração e da alma é a alegria essencial. No nível da cabeça e da mente é o "eu", ou seja, uma identificação de si para consigo mesmo que conduz a uma certa plenitude interior.

A alegria é assim alimentada por uma quinta-essência do plano do prazer e um elã rumo à dimensão de plenitude do "eu".

29 de setembro

Quando, realmente, encontramos o caminho da imortalidade, cada dia se torna mais resplandecente que o anterior.

A unidade

Temos um poder colossal: aquele de entrar na unidade. A unidade é uma total realidade. É, de fato, nossa verdadeira realidade.

Para nos aproximarmos da unidade, é indispensável passar além das aparências e realizar um verdadeiro alinhamento de nossa natureza no campo do imortal.

Não perder mais tempo com obras que não nos conectarão à nossa imortalidade. Quando tivermos perdido tudo materialmente, nosso corpo e tudo o mais, restará o que alinhamos, erigimos lá no alto e que possui uma visão infinita, que é a continuidade e a plenitude.

30 de setembro

*A consciência de Deus harmoniza
as interdimensões entre si.*

A magia da natureza

As flores e tudo o que há de mágico na natureza representam uma ponte interdimensional para os mundos etéricos e outros mundos de perfeição inimagináveis, aos quais podemos ter acesso pela vidência.

Não respeitando essa magia, como poderemos perceber as tramas etéricas e ter a clarividência desses mundos feéricos?

Dialogando com as fadas e outros seres sutis magníficos aprendemos muitos segredos, pois existe na natureza uma vida ignorada por aqueles que não têm olhos para ver e ouvidos para ouvir.

Outubro

Outubro

1º de outubro

Olhar sempre para o futuro e extrair o essencial do passado, porque é no futuro que se encontra o ser redimensionado.

O encontro com o futuro

Através da evolução da humanidade é possível imaginar que os seres do futuro possam viajar no passado.

Cabe a nós marcar um encontro com o que poderemos ser no futuro. Temos, exatamente, as informações que nos convêm para caminhar na direção do que é e será.

Para viver a continuidade entre o passado, o presente e o futuro, devemos sempre retirar de nosso passado o que, no presente, permitirá construir nosso futuro.

2 de outubro

Para apreciar a felicidade é preciso conhecer os limites.

Um instante de felicidade

A felicidade é uma sensação interior resultante de um estado vibratório superior da alma. Quando um momento de ventura acontece, devemos proteger essa ressonância particular do espírito. Tais momentos devem ser vividos sob a vigilância da consciência, pois nesse estado o ser emana tal irradiação que atrai forças fascinadas por sua luz, como as mariposas à noite voam para a lâmpada. Não estando atentos, essa magnífica expansão da alma pode se tornar sombria.

Devemos aprender a conter a felicidade dentro de determinado limite para não desencadear invejas. Não pode existir felicidade duradoura sem mestria e muita coragem para fazê-la viver.

3 de outubro

Algumas pessoas sensíveis amam em nós a parte que pensam não ser amada por ninguém.

Saber amar

O processo interno, secreto e sagrado de um ser nem sempre é conhecido por aqueles que o rodeiam.

Uma pessoa que sente necessidade de ser amada precisa saber que o amor, em geral, é o desejo de algo que o completa ou que lhe falta.

Para ser amado, primeiramente, é importante desenvolver em si algo suscetível de despertar interesse em outros, e a felicidade interior é justamente um dos elementos que atrai outras pessoas.

4 de outubro

*Para vencer saiba escutar as inspirações
e exprimi-las com pureza, utilizando
a consciência, a decisão e a vontade.*

O que é o sucesso?

O sucesso é uma impressão interior que está entre uma inspiração superior bem recebida e uma realização exterior e material bem reconhecida. É também sentir que se viveu para a concretização do programa para o qual se veio ao mundo.

O sucesso depende, portanto, bem pouco da opinião dos outros. Ele resulta principalmente da liberdade que se obteve na disposição do tempo e espaço próprios para transcender seu potencial, através da vida, do amor e da consciência, para um nível superior da existência.

5 de outubro

*Aquele que tem fé não se entedia jamais,
pois tem muitas coisas a aperfeiçoar
no serviço do plano divino.*

Construção e destruição

Quando vemos o que se passa na criação, as inúmeras construções e destruições, podemos concluir que, em dados momentos o bom está em construir, e noutros, em destruir.

A única coisa que pode indicar a diferença entre esses dois polos é o discernimento entre o tempo da construção e o tempo de sua destruição.

6 de outubro

*A paciência acrescenta uma
aura de paz à esperança.*

A esperança

A esperança pode ser secreta ou declarada, muito discreta ou manifesta demais. Em uma visão global, apenas a consciência superior permanece a mesma para estabelecer o conjunto de fatores que dão à essa esperança uma chance de sucesso.

Para isso é preciso, pacientemente, meditar, estudar, refletir, a fim de alimentar energeticamente somente esperanças que tenham alguma chance de serem realizadas.

Trata-se de não se agarrar perdidamente a qualquer esperança, mas, sobretudo, estudar pacientemente as reais possibilidades de realização.

7 de outubro

Para estar bem é preciso encontrar um equilíbrio entre a felicidade da alma e os prazeres da vida.

Equilibrar a alma e a vida

O ser humano, polarizado entre seu aspecto cósmico superior e seu aspecto animal inferior, deve conseguir satisfazer sua relação emocional com um e outro.

A relação de emoção com o cósmico faz parte do mundo da alma e a relação com o polo animal traz uma satisfação dos instintos, pelo prazer.

Para encontrar seu equilíbrio, o ser humano deve criar uma harmonia entre esses dois aspectos de sua personalidade.

8 de outubro

É preciso tentar aproximar-se mais do ser que do parecer.

Aparecer no ser

Se não quiser desaparecer no parecer, deve-se aparecer no ser.

Para isso, devemos sempre, em nossas atividades, dar predominância à realização da transcendência. Dessa forma é possível reajustar, continuamente, nossas experiências em consonância com nossa visão interna.

É importante extrair de nossos atos o que pode influenciar o desenvolvimento da consciência interior e superior que nos reaproxima do absoluto.

9 de outubro

A imaginação nos é dada para que possamos redescobrir a trama da realidade superior.

Entrar em acordo com o plano divino

A imaginação permite "imagerar" nas dimensões sutis os esquemas que canalizarão a energia cósmica para as estruturas formais que realizam a manifestação do pensamento criador.

O ser humano, dotado de talentos criativos excepcionais, deve esforçar-se em conectar seu pensamento à Divina Permanência, de maneira que jamais sua iniciativa pessoal esteja em desacordo com o plano divino.

Isso se realizando, todos os milagres são permitidos.

10 de outubro

Quando se tem fé, vive-se feliz e livre no âmago do que ela permite.

O elã imortal

Quando chegar o tempo em que só, diante da vida, você avaliar a distância entre o perfeito e o imperfeito, propiciando a percepção da divina presença imantadora de cada figura para a essência sutil, e você sentir o palpitar do imortal elã que o transporta para além de si mesmo, então faça vibrar intensamente sua força, suba os degraus, escale a montanha.

Assuma seu desejo e sua fé para elevar todo seu ser até a comunhão suprema, ao encontro do espírito puro.

11 de outubro
Para não se perderem, os aventureiros da vida deveriam, como os peregrinos, saber qual é o objetivo que justifica a viagem e seus riscos.

O campo unitário

Quando saímos de um estado de consciência limitado como o da encarnação, podemos encontrar a medida da imensidão que existe no campo unitário. É uma dimensão de plenitude totalmente desconhecida no plano da forma.

Todas as pequenas felicidades do mundo da dualidade, não são nada em relação a incrível felicidade que reside no citado campo unitário. É algo inimaginável. Nada neste mundo pode parecer um único instante ao que é a imensidão da completitude que existe no campo unitário.

Cada indivíduo poderia se conectar na medida em que prestasse mais atenção a sua consciência interior e desenvolvesse uma grande força de vontade para colocar em ação esse processo.

12 de outubro

*É sempre bom procurar
o lado feliz de cada fato.*

Lembrar-se

Em geral o encadeamento de circunstâncias nos impede a lembrança dos acontecimentos felizes.

Por isso, é importante extrair todos os momentos belos da vida, em que sorrimos, em que vivemos uma atmosfera de simpatia. Através de vídeos, fotos, documentos, cartões que aconcheguem essa parte de nós para a vivência de um clima realmente feliz.

Fortaleça sempre, tudo o que estimula a esperança, o entusiasmo e a capacidade de iniciativa.

13 de outubro

Avança-se no escuro enquanto não se decide acender a luz interior da consciência superior.

A consciência e a mente

Foi-nos aconselhado "conhecer Deus", ou seja, conhecer a consciência superior com nossa mente; e "assemelhar-nos a Ele", ou seja, ter uma consciência que possa gerir o mundo da energia e da forma.

O que podemos melhor visar em nosso interior é uma excelente relação entre nossa consciência superior e nossa mente, pois nossa consciência superior pode compreender e nossa mente pode ter o saber.

14 de outubro

Os pássaros do céu não utilizam sempre toda a força de suas asas.

Encontrar a liberdade

Nossa visão do Céu não é suficientemente precisa. Estando na Terra, devemos fazer como se estivéssemos no Céu, pois somos viajantes no cosmo.

Neste exato momento, estamos viajando a centenas de quilômetros por hora no universo.

A Terra é submetida à uma gravitação enorme. É necessário apartar-se dessa gravitação e fluidificar-se para encontrar a liberdade.

A liberdade é uma saída para o livro da verdade, e da vida. É uma energia interna que pode nos conduzir ao que é imortal e justo.

15 de outubro

A verdade está no que deveria ser dito, o bem no que se gostaria de dizer e o belo no que, às vezes, se diz.

Beleza, bondade, verdade

Procure ser uma emanação da verdade, da bondade e da beleza.

O momento em que temos acesso à verdade é um momento abençoado, pois há a tomada de consciência, ou seja, criação de uma linha de continuidade entre a inteligência, o exato instante e a consciência absoluta permanente. Não se pode apenas dizer o bem, é preciso também fazer o bem e, para isso, trazer em si a bondade.

Pode-se falar da beleza, mas quando ela se apresenta a harmonia que libera de si é uma mensagem silenciosa, imediata e interdimensional.

16 de outubro

*O amor testemunha a
presença do Espírito.*

A inocência

Lembre-se de que o amor apaga a dor, quando renasce, novo, em seu frescor cândido em um rosto inocente que faz vibrar sua alma.

Grave em si esse instante, esse sorriso, pois é a chave para o retorno à união mágica que nunca se apaga.

Mostre-se à imensidão para sentir-se, então, inundado de luz, banhado nessa indizível carícia que se une ao êxtase, à paz encontrada e à serena imensidão.

17 de outubro

As chances diminuem na medida em que se envelhece, pois devem ser substituídas pela inteligência.

Desenvolver o senso interior

Na medida em que o corpo enfraquece, a força da alma, a consciência e a mestria do mundo da energia entre a consciência e a forma podem tornar-se cada vez maiores. É preciso que o ser tenha se exercitado para perceber o mundo não somente através dos cinco sentidos, mas também desenvolvido a claraudiência, clarividência e a mestria das tramas energéticas que sustentam as aparências formais.

Assim, a experiência de vida que vem com o tempo permite adquirir inteligência interior conduzindo, progressivamente, ao caminho da compreensão interna do universo. E, aos poucos, ao invés de ver, o ser aprende a prever e perceber no seu meio os elementos exatos convenientes ao seu processo.

18 de outubro

Antes de pegar uma estrada é melhor refletir bem para saber se ela conduz realmente à felicidade.

Escolher seu caminho

Aquele que deve tomar um caminho desconhecido para chegar ao seu objetivo encontra-se diante de uma difícil escolha, se nenhum dos caminhos que lhe são propostos não corresponde ao caminho que lhe convém. O guia da criatura humana deve ser principalmente a consciência interior e superior, pois é ela que sabe qual é a via que a conduzirá à meta.

É preciso tentar não se deixar influenciar pelos preceitos exteriores e encontrar em seu interior a via que o levará exatamente onde deve ir para solucionar completamente a experiência da encarnação.

19 de outubro

O poder só tem sentido quando liberta o ser humano. Do contrário, torna-se uma prisão.

O poder

Se a liberdade é apenas um breve instante entre duas prisões e se somos o dono do que possuímos, corremos o risco de cair nas mãos do poder do qual dispomos.

Para evitar sermos aprisionados no vórtice de um poder, convém antipolarizar este por um outro poder e manter um equilíbrio entre ambos.

Também é importante permanecer vigilante em relação à qualquer tentação de potência, que, em geral, representa uma armadilha para o ser que deseja viver mais próximo das dimensões sutis.

20 de outubro

Recolher o fruto da experiência para acrescentá-lo à consciência.

A quinta-essência

Resumir nossos sonhos, nossa vida, para deles retirar uma quinta-essência que nos permita alimentar nossa alma imortal, pois esta é a sede da memória de todas as nossas experiências anteriores.

Quando realizamos esse ato de quinta-essenciação, nos colocamos em ressonância com todos os dados memorizados que fizeram de nós uma velha alma.

Essa reserva de experiências e conhecimentos permite escolher precisamente as zonas do universo onde a evolução pode continuar em melhores condições.

21 de outubro

A paz vem quando se realizou o máximo do que se deveria fazer.

Encontrar a serenidade

Saia do tédio, ative-se para fugir da inércia material e redescobrir a finalidade da vida.

Reaja e tome rapidamente o controle de si para cumprir essa finalidade.

Conquistar sua meta, em seguida ultrapassá-la conduz à serenidade e à calma dos altos cumes, sendo sustentado pela pirâmide de sua obra e de seu sucesso interdimensional.

22 de outubro

Não lamente, busque compreender.

Investigar a origem de seus erros

A falta de conhecimento conduz, com frequência, à dor e ao sofrimento.

Conhecer as leis que determinam o funcionamento de um plano é o melhor meio de evitar sofrer desgostos inerentes à toda inexatidão.

Face a um engano, procure evidenciar a causa do erro ao invés de se queixar dramaticamente, voltando a outros erros que conduzem a novos sofrimentos.

23 de outubro

A criação é o sonho permanente de uma criança divinizada.

Uma porta de imortalidade

Quando criamos uma obra que se situa entre o mundo interior e o mundo exterior, ela conterá sempre em si uma luz que manifesta o supramundo e o intramundo.

Esta luz interior será uma porta de imortalidade, um farol na noite e muitos se dirigirão à transcendência graças à beleza dessa obra, e nela encontrarão um canal para alcançar a beleza da alma e a verdade do espírito.

Devemos sempre refletir sobre nossos atos criadores, examinar a luz interior que contém, suas possibilidades de apresentação e difusão exteriores, sua durabilidade e imortalidade.

24 de outubro

Para passar do visível ao invisível, basta não se limitar aos cincos sentidos.

Livrar-se da prisão dos sentidos

Os cinco sentidos são filtros de seleção no universo vibratório heterogêneo que nos cerca.

No entanto, existem muitos campos de consciência-energia organizados aos quais não temos acesso, permanecendo fechados na seleção vibratória definida pelos sentidos.

As experiências paranormais provam que alguns seres podem perceber o que nos rodeia com outros sentidos. Essa percepção é possível quando estamos abertos à presença dos planos invisíveis.

25 de outubro

Antes de rejeitar uma energia que o assalta, verifique bem se não é uma parte de você que retorna a seu mundo interior.

O impacto do que retorna

Nada é mais difícil de vencer do que o impacto daquilo que retorna a nós, pois o que vem de volta é nossa própria energia dissimulada em uma máscara.

Há seres que lutam noite e dia contra forças ocultas que, na maioria das vezes, são o retorno do que emitem continuamente, consciente ou inconscientemente.

É preciso descascar o fruto antes de absorvê-lo: o mesmo deve ser feito com certas energias.

26 de outubro

*O amor é o desejo
permanente do melhor.*

As facetas do amor

Ao nível da consciência superior, amar é comungar e unir.

Ao nível da mente, o amor é compreender e querer o melhor para si e para os outros.

Ao nível do coração, o amor é a intensificação da vida até o elã da alma.

Ao nível da vitalidade e da sexualidade, o amor é o desejo de ajudar o outro a evoluir através do prazer bem gerido.

Ao nível do corpo, o amor é o desabrochar na dança e na graciosidade.

Ao nível da potência, o amor reside na nobreza, na conquista e no êxito.

27 de outubro

O segredo do charme em alguém está na presença de seu ser interior.

Presença essencial

Quanto mais estamos reconectados aos planos superiores, mais saímos da diferença, da morte e da desagregação, e mais compreendemos a essência silenciosa e secreta da criação e das coisas manifestas.

Entramos, dessa forma, na essência da divina Presença, em comunhão com o essencial e nos tornamos, por fim, filhos do Criador, a serviço do plano que se cumpre, pois desse plano somos parte integrante, operacional, determinante e eficaz.

28 de outubro

O olhar interior permite ver os outros não pelo que são, mas pelo que poderiam ser.

Uma visão global

Para se compreender uma pessoa, é preciso saber o que os outros pensam dela, o que ela pensa de si mesma e, para distinguir o que realmente é, ou representa, tentar perceber o que foi em suas vidas anteriores, o que é atualmente e o que poderá ser em seu futuro imortal.

Cada situação necessita de uma análise que não deve ser nem superficial nem exterior, mas que exige uma compreensão que permite ter uma visão global do conjunto dos elementos atuantes.

29 de outubro

O maior êxito da existência é preservar sua alma de criança até o último instante.

Cultivar sua alma de criança

A dureza da vida, as resistências, as decepções, os desvios podem resultar em desfechos que nos desnorteiam em relação à correta via de nossa programação vivencial.

Algumas vezes, para realizar algo difícil, vai-se bem além do que se tinha inicialmente previsto, em detrimento de nossa dimensão de alma.

Mas, se conseguimos deixar florirem a pureza e a alegria da criança existente em nós, podemos, apesar de tudo, manter a aliança com nossa alma e o espírito que nos vela.

30 de outubro

Para ser feliz, é preciso ter pleno conhecimento do que pode nos impedir de sê-lo e não atribuir o problema unicamente a causas exteriores.

O reflexo do outro

Em uma mesma situação, dez pessoas podem ter dez atitudes diferentes em função da cultura, idade ou origem étnica.

E cada reação conduz à diferentes resultados.

Observe todas as situações que se apresentam no mundo da experiência e perceba, entre todas as reações possíveis em tais situações, aquela a escolher, após um estudo das consequências, das decisões tomadas e dos encadeamentos de circunstâncias.

31 de outubro

Deus está em nós quando fazemos o trabalho que nos cabe realizar.

Cumprir seu programa

Cumprir seu programa é realizar a manifestação operacional da própria essência de sua criatura.

Antes de empreender seja o que for, devemos perguntar ao nosso interior se isso corresponde ao nosso programa e se é o que Deus nos pede para fazer.

Fazer o que Deus espera de nós e não fazer o que não é indispensável, permite ganhar tempo para nós mesmos, para os outros e para o universo.

Novembro

1º de novembro

Ventura é também a arte de evitar grandes desventuras.

A arte de viver

Quando nos mantemos em um nível de energia e de consciência suficientemente elevados, podemos colher momentos felizes vindos de planos superiores, no lugar dos momentos infelizes que ninguém deseja e que sempre são deixados por conta dos níveis inferiores.

A felicidade consiste, portanto, em não derivar em planos inferiores da existência, onde teremos como herança grandes infortúnios.

2 de novembro

Temos pouca chance de êxito se não temos o desejo sincero de terminar aquilo que começamos.

Atingir e ultrapassar a meta

Toda iniciativa é uma viagem rumo a um objetivo, próximo ou longínquo. Algo que está próximo não é muito difícil conceber, mas algo que está distante será necessário atravessar numerosas armadilhas e obstáculos antes de alcançá-lo. A atenção pode se esvaecer, a dúvida se instalar e obscurecer a nossa noção do alvo.

Por isso, é aconselhável colocar todas as chances a seu favor para vencer, mas também, estabelecer logo de início o programa que deverá ser empregado para se alcançar, e até mesmo ultrapassar, o objetivo visado.

3 de novembro

Há em cada ser imensos tesouros que são muito importantes para os outros.

A ação justa

Para realizar alguma coisa é preciso desejá-la intensamente, e cedo ou tarde os meios lhe serão dados.

Por ora o que deseja realmente? Ser livre? Viver um amor? Ser uma criança do plano divino? Ser apenas o que se deve ser? Ou o que busca é o encontro com sua essência, poder vivê-la e manifestá-la para ajudar os outros a manifestá-la também?

Construindo sua parte, os outros saberão que chegou a hora de construir o que lhes foi destinado.

4 de novembro

No momento em que conseguimos nos impregnar de certeza podemos ser impregnados de firmeza.

A força

Para podermos nos realizar, é preciso despertar o aspecto superior e absoluto de nossa natureza que representa muito mais que ter fé.

É uma relação de transcendência e de certeza, uma operatividade permanente que pode desencadear a força.

É indispensável insuflar essa força em nós, essa força que não é o orgulho, mas uma confiança serena e absoluta.

5 de novembro

O Espírito nos permite perceber o essencial.

Compreender o essencial

Para compreender o essencial não é suficiente fazer uma síntese interior de diversos elementos. É importante também sentir a vibração interna ligada ao espírito superior.

Os momentos de luz são instantes privilegiados no quais, de repente, a consciência mortal e o espírito imortal comunicam-se através de uma linha energética fina que permite perceber o essencial a partir dos altos cumes do espírito.

É preciso estar sempre atento para poder captar esses instantes e fazê-los ressoar intensamente.

6 de novembro

*Flores maravilhosas iluminam
o jardim secreto da alma.*

Proteger seu jardim secreto

Estamos sempre sofrendo a pressão do ambiente, relativamente árduo, que nos cerca. Por isso, é bom construir um recinto, uma proteção para o jardim secreto interior. A palavra "paraíso" (em francês *paradis*), em sânscrito corresponde a *paradesa* que significa parede, recinto.

Para ver desabrochar dentro de nós as flores sutis da bondade e do amor, devemos regar todos os dias nosso jardim secreto interior, buscando protegê-lo com uma aura bem sólida.

7 de novembro

É preciso ser capaz de integrar em si mesmo, o que se projeta sobre os outros.

A fascinação

A fascinação e a paixão são em geral a expressão dissimulada de uma avidez por possuir as qualidades de alguém.

Para liberar-se de tais estados perturbadores, reflita sobre a forma de poder desenvolver em seu ser a qualidade que lhe fascina.

Aprenda, também, a relativizar esse enfoque desmesurado, procurando ir além do objeto da paixão e reconhecendo em outros seres qualidades que podem enriquecê-lo.

8 de novembro

Na frágil memória do tempo algumas imagens vão ao encontro do imortal.

A memória

É importante memorizar os momentos de comunhão onde conseguimos, em um ambiente de grande delicadeza, a sós ou entre amigos, sentir de repente a presença de uma dimensão extremamente diáfana e fina.

Nosso corpo vivencia um estado de leveza e tomamos consciência de que a densidade e a condensação são somente a consequência de uma maneira de gerir a energia interna. Experimentando esse processo de elevação e de mestria dos diversos aspectos de nós mesmos, podemos atingir níveis de grande sutilidade.

9 de novembro

*É preciso viver deixando no mundo
o que gostaríamos de encontrar
quando nele chegamos.*

Preparar o futuro

Devemos nos questionar se os atos de nossa vida colaboraram para a preparação do berço que gostaríamos de encontrar em nosso eventual retorno sobre a Terra.

Através dessa concepção, é importante criar e estabilizar elementos de informação, de evolução e de civilização que pareçam indispensáveis para um desenvolvimento mais eficaz na realização total do ser.

10 de novembro

*Por vezes aquilo que tememos
é o que precisamos.*

Compreender o infortúnio

"Há males que vêm para o bem" é um ditado que compreendemos facilmente para os outros, mas dificilmente para nós mesmos.

Através dos infortúnios que nos atingem, devemos ter uma grande perspicácia para constatar que talvez uma infelicidade maior tenha sido evitada, ou então que, simplesmente, foi algo que devíamos compreender para evitar causar sofrimentos a outras pessoas.

Convém, ainda, retirar desses infortúnios os elementos que são indispensáveis para a nossa evolução.

11 de novembro

A beleza é uma ponte entre a imperfeição da criatura e a perfeição do Criador.

Contemplar a beleza de uma flor

Em momentos mágicos, nos quais estamos, por exemplo, mergulhados na contemplação da beleza de uma flor, podemos sentir realmente a presença do espírito divino.

É essencial elevar toda a nossa natureza para viver esses instantes de encantamento, durante os quais não nos encontramos mais tão presos ao mundo e à forma.

São instantes que devemos utilizar ao máximo para redimensionar o que há de mais qualitativo e divino em nós, integrá-los em nossa vida e suscitar o mesmo em outras pessoas.

12 de novembro

Ser justo consigo é a primeira condição da verdadeira justiça para com os outros.

Ser justo

A justiça varia conforme os planos. Em um mundo onde existe comunhão, sutilidade energética e telepática, a justiça é muito simples, pois ela é evidente para todos.

Em um mundo em que a linguagem é usada para dissimular o pensamento é necessário criar leis, que são referências suprapessoais em relação às divagações e mentiras dos indivíduos. Em um mundo regido pela potência distante da consciência e da caridade, a justiça torna-se a lei do mais forte.

Para se adaptar e sobreviver ao que se passa em tal mundo é importante distinguir esses diversos planos sem confundi-los.

13 de novembro

*Sofremos por não estar em conformidade
com a harmonia do universo.*

Estar ajustado ao jogo do universo

Podemos, perfeitamente, estar conscientes e em harmonia com o exato jogo do universo. Podemos estar ajustados ao jogo do universo, mas não estar conscientes disso. Podemos ainda não estar ajustados ao jogo do universo e nem ter qualquer consciência.

No primeiro estado conhecemos uma felicidade sublime. No segundo estado podemos viver uma certa presença e nos questionar sobre o acaso. Na terceira situação o risco é nos encontrarmos em grande aflição, pois é um caminho difícil de trilhar.

Procure, a todo o momento, estar ajustado e em comunhão com a consciência que rege o jogo exato do universo.

14 de novembro

O que conta antes de tudo é ter a certeza de que não serás jamais desviado de sua fé.

Cavalheiro de outro tempo

"Cavalheiro de outro tempo tu passas na vida com o olhar azul lúcido como o éter.

Tu não és deste mundo, nem mesmo de outro, tu és como os que velam pelos arcanos interiores.

Tu conheces a fonte, a paz e a beleza da santa aliança.

Tu és o cavalheiro, o viajante, levando a serena mensagem proveniente dos sábios.

Um dia aqui, outro lá, tu semeias nos corações o senso da nobreza, da grandeza e da justiça.

Tu conheces o equilíbrio, a serena certeza que elevam-te incessantemente até aos mais altos cumes.

Guardião do plano sutil ou dos maiores tesouros, tu és o espírito que anima a força da ação justa."

15 de novembro

*Para amar os outros é preciso
saber compreender o ensinamento
que sua presença nos traz.*

Criar um núcleo de harmonia

Fundamentalmente, estamos em busca de uma comunhão, da plenitude, procurando sair da descontinuidade e da diferença. Onde duas ou três pessoas se reúnem pode existir a divina Presença entre elas, mas se houver dez, vinte, trinta, existirá um núcleo de harmonia, um círculo que permite a cada um encontrar uma presença e uma energia unificadoras.

O mais precioso na vida é a criação de momentos onde essa reunião de amigos possa desencadear uma comunhão unificadora.

16 de novembro

Não se deve buscar o prazer sem a felicidade, nem a felicidade sem a ciência, nem a ciência sem a sabedoria.

O encanto da sabedoria

Se o dinheiro não traz a felicidade é porque dev existir o prazer entre ambos.

E se a ciência não traz a felicidade é porque preciso o amor da ciência entre ambas.

E se a ciência não conduz, obrigatoriamente, à sabedoria é porque é preciso o amor da sabedoria entr ambas, pois sem amor nada se tem, absolutament

17 de novembro

A alma feliz esvoaça numa dança leve sobre campos floridos de amor e de prece.

A prece

"Ajuda-te" quer dizer: saia de onde você não pode ser ouvido, nem visto, nem ser socorrido.

"O Céu te ajudará" significa: uma vez que você tenha se deslocado, poderá, eventualmente, ser ajudado.

Existem situações em que é impossível ser socorrido pelos planos superiores, e é por isso que as preces nem sempre funcionam.

Na prece, deve-se respeitar a pureza das dimensões superiores para não incomodá-las com gemidos e, sobretudo, avaliar como mudar a situação pessoal e transformar-se. Sem perturbar, busque fazer um contato com essas dimensões elevadas para obter algumas precisões sobre a situação existente.

18 de novembro

Existe somente um remédio para o amor. Amar conscientemente!

Ressoar com sua alma

Quando o objeto do amor nos expõe além de nossos limites é preciso frear essa deriva, antes de perder completamente o controle. E se desejamos sair de uma obsessão formal, devemos encontrar a realidade que ansiamos, ou seja, nosso aspecto sutil e energético que tenha sido reprimido ou projetado em outro ser.

É possível então ressoar de novo com nossa alma invisível, perceber e viver a doçura dessa comunhão.

19 de novembro

O tédio não tem guarida naquele que busca o desconhecido em cada coisa.

A imaginação embeleza a vida

O trabalho, como a maioria das coisas aliás, é sempre realizado de uma forma muito séria e tediosa. Não é assim que podemos entrar no jogo da existência. É importante agir de modo que cada uma de nossas ações seja um ato criador e, ao mesmo tempo, uma possibilidade de exercício e de mestria.

Em suma, o que difere o trabalho e o ato criador é a visão interna que temos das ações formais.

É preciso utilizar a imaginação para tudo embelezar e acrescentar fantasia à vida.

20 de novembro

Evite satisfazer-se demais com aquilo que você realizou para não confundir os meios com o fim.

Ultrapassar a forma

Nossas diversas realizações são apenas passos rumo à entrada do palácio.

Se paramos em um passo para contemplar todos os anteriores não avançamos mais em direção à porta do palácio. Jamais poderemos ver as maravilhas que estão em seu interior.

Além de todas as nossas atividades formais e transitórias, existem mundos sublimes e estados de ser inexprimíveis, que transformam nossa solidão em plenitude e nosso estado finito em permanência infinita.

21 de novembro

Temos sempre a escolha de olhar sem ver ou de ver sem olhar. Tudo depende do nível de vida interior.

Ser transparente

A parte divina que guia o ser pode se resumir a uma forma de consciência que se julga por si mesma.

A ação impura não é a que a moral condena, mas a que a consciência não consegue integrar completamente, por não ser transparente nem estar compreendida no campo da consciência. Ou seja, ela se situa fora do ser e, devido a isso, ela o divide e o torna impuro.

Aquele que decide se beneficiar de suas ações deve se perguntar: "Minha consciência pode se olhar real e profundamente sem encontrar obscuridade em si?"

22 de novembro

O peso do passado nos impede de agir quando o presente não é utilizado para conectá-lo ao futuro.

Presente, passado e futuro

A contrabalança do passado pode estar no futuro, se é que temos um. Isso apenas acontece quando se vive o presente de forma bastante elevada para que sirva, de algum modo, de prumo na balança entre o peso do passado e o desenrolar do futuro.

Algumas vezes, um pequeno germe que brota no presente pode tornar-se uma grande planta no futuro, quando sabemos alimentar as raízes mergulhando-as nas reservas do passado e extraindo deste apenas o que vai construir o futuro. Sobrecarregados com o peso do passado não temos, no presente, a força de avançar para o futuro.

23 de novembro

O amor de Deus transcende qualquer outro.

O que é o amor?

O amor é o desejo de se apropriar de alguém ou o desejo de lhe fazer, fundamentalmente, o bem?

Desejar o bem a alguém é abençoá-la, simplesmente. O espírito de benção é uma maneira de agir que se identifica à irradiação da bondade divina.

Quando conseguimos nos elevar a tal nível de comunhão e de irradiação, podemos ultrapassar o amor pessoal para viver uma forma de amor suprapessoal.

24 de novembro
É importante conhecer e tornar claras as relações entre nosso subconsciente, nosso inconsciente, nosso consciente e nosso supraconsciente.

Ter acesso à supraconsciência

Para evoluir, é indispensável aprender a liberar-se das influências do inconsciente, que representa toda uma vida arcaico-afetiva e, também, ordenar o subconsciente. Há, de fato, em cada indivíduo a sombra de todos os outros, o que é chamado de "subconsciente" e que interfere constantemente na vida pessoal.

Também é importante ter acesso a outro tipo de consciência, pois, na verdade, a origem da ordem cósmica provém de uma dimensão de consciência superior, que pode ser chamada de supraconsciência.

Esta parte espiritual e superior do indivíduo permite que ele solucione partes de si presas no inconsciente, já que, desta forma, ele pode se deslocar no campo do imortal.

25 de novembro

*O corpo é um templo onde pode soar
o canto da adoração celeste.*

O canto da harmonia

Ao purificar o corpo através de uma alimentação equilibrada, vivendo em um ambiente sadio e espaçoso, este torna-se como um templo de cristal, no qual os raios do sol iluminam a beleza de seus vitrais multicoloridos.

No interior do ser pode ressoar, então, o canto da harmonia vibrante que eleva toda a criatura para a adoração do Criador.

É importante criar condições de vida nas quais nosso corpo encontre sua transparência e sua luminosidade.

26 de novembro

O que buscamos no contato com o outro é a troca de uma certa qualidade de energia.

O intercâmbio

Um indivíduo pode ter dom para algo, um outro terá em outro âmbito.

A igualdade é conseguir equilibrar os intercâmbios entre diferentes faculdades, dons e talentos, para o reconhecimento do outro, com suas próprias qualidades. A igualdade é a justiça, a fim de que não sejam sempre os mesmos que deem e os mesmos que recebam.

Cada um deve examinar as possibilidades de que dispõe para compartilhar, fraternalmente, com os outros.

27 de novembro

Só é realmente mal aquele do qual não conseguimos extrair nada de bom ou de belo.

Transformar o mal

Em geral, sempre é possível, com um pouco de imaginação, reciclar o lixo para dele ainda tirar algum proveito. Mas, se nos encontramos diante de um mal do qual não sabemos o que fazer, temos de lembrar que este se posiciona entre a potência e a morte, ou seja, na matéria.

Podemos então, usar a dureza do mal para transpor a resistência da matéria, a fim de incluir nela uma nova energia, uma reflexão que ilumine esse plano.

28 de novembro

As naves sabem que estamos por aqui e gostariam que soubéssemos que elas também estão aí.

Luzes no céu

É importante ter acesso à espiritualidade histórica desse mundo, mas também colocar-se em ressonância com consciências transcendentes que existem, que se manifestam e que, através dos tempos, manifestaram-se sob a forma de luzes.

Podemos igualmente nos instruir sobre as hierarquias celestes, pois existem sistemas transcendentes que coordenam todo o funcionamento do universo.

Isso tudo pode permitir que tenhamos acesso à uma comunicação, que nos conscientize exatamente sobre as interdimensões.

29 de novembro

Para evoluir, o ser não deve permanecer cristalizado em uma visão única das coisas.

Qual o sentido do orgulho?

Os seres orgulhosos deveriam se perguntar de onde vem o orgulho e para que serve.

Não seria um potencial útil para afirmar nossa presença divina perante todo tipo de energia que quer nos obscurecer? Não poderíamos utilizar tal orgulho como um motor para nos elevar a uma dimensão onde, ao invés de brilhar para o mundo, tentaríamos estabelecer uma manifestação particular, como a representação de uma luz interior?

O arquétipo deformado e inferiorizado no orgulho não poderia reunir-se ao da beleza que envolve a bondade e a verdade?

30 de novembro

*Ser animado pela ordem interior,
ser portador do ser interior.*

Ser

O importante na vida não é parecer, mas, ser, preservando no interior de si o que há de mais precioso e essencial.

Se vivemos em um meio onde não há harmonia, em discordância com a nossa interioridade, se não temos mais referências que nos permitem consolidar nossa força interior e definir o valor essencial de nossa identidade, tornamo-nos infelizes, pois estamos privados de algo fundamental: a verdadeira alegria.

Na verdade, o que traz a felicidade é nosso ser interior.

Dezembro

1º de dezembro

A consciência e a alma têm como tela a imaginação e a memória e como proteção a atenção e a vontade.

Atenção, vontade, imaginação e memória

A atenção e a vontade são dois elementos úteis no mundo material. Porém, ao lidar com um mundo menos material devemos substituir a atenção pela imaginação e a vontade pela memória.

A atenção é o foco em uma ideia, enquanto a imaginação está ligada à dimensão criadora, permanente e imortal.

A memória, por seu lado, está inscrita na alma, contém a intenção, a inspiração, a evolução e a solução do múltiplo em direção à síntese.

2 de dezembro

A aura da felicidade está ligada à consciência divina.

Acolher eventos felizes

Para captar os ares de eventos felizes, é importante poder viver como no coração de uma flor, ou seja, em um tipo de beleza energética e formal.

Essa florescência deve ser protegida para que se mantenha em uma certa altura, porque a flor não é produzida ao nível das raízes, mas desabrocha no ponto mais alto da planta.

Uma elevação é, então, necessária para que o coração da flor possa recolher um evento feliz ligado ao divino.

3 de dezembro

Não podendo se manter em pé, agarre-se aos céus.

Viver no ritmo do cosmo

Para ir ao encontro de nossa divindade, não devemos jamais deixar que nosso desejo de elevação se perca.

É necessário usar tudo que existe de verdadeiro em nós para traçar a rota de nossa bondade e beleza.

Devemos organizar nossa existência de modo que o céu possa vibrar em nós em todas as circunstâncias e procurar viver em um campo de energia, no qual a pureza e a leveza nos deem a possibilidade de ter uma vida natural, integrada ao ritmo do cosmo.

4 de dezembro

A criação é um grande campo onde as almas passam espalhando sementes.

A arte, um contato com os mundos sutis

Qualquer atividade artística deveria permitir a formação de linhas de intercomunicação com as dimensões sutis e espirituais.

Para que assim seja, a arte deve nascer de uma inspiração e um contato telepático com essas dimensões. E o objetivo é uma criação capaz de autenticar a existência desse contato.

Quanto mais a criação tiver um caráter elevado, maior será a ressonância com os mundos sutis.

5 de dezembro

Toda ação justa começa pelo pensamento interior.

Manifestar o esplendor do ser humano

Peça a Deus para que suas ações e decisões sejam justas, harmoniosas e aceitáveis pelo plano superior.

Lance ao ar um grande elã de esperança e fraternidade, uma onda magnífica que ensejam a santidade e a felicidade.

Existe, no ser humano, algo de esplêndido que se harmoniza com o céu e proporciona sua liberação.

Procure sempre manifestar e transmitir esse esplendor, e criá-lo no pensamento e na energia.

6 de dezembro

*O dinheiro pode nos libertar
ou nos aprisionar.*

O dinheiro

É preciso dar ao dinheiro seu justo valor. Não desprezá-lo, nem atribuir-lhe um privilégio extraordinário.

Tendo dinheiro, a melhor maneira de utilizá-lo é servir-se dele para ampliar a conquista interior e imortal, pois ela é bem anterior ao poder do dinheiro. Essa conquista é estrutural, fundamental e original.

Aquele que escolhe viver alguns anos em um estado um tanto despojado, mas que se empenha todos os dias para gerir sua relação entre a forma, a alma e o espírito, constrói algo muito rico.

7 de dezembro

Divertir-se sabiamente vale mais do que ser sério em demasia.

Sorrir

Quem pensa que se divertir é fazer barulho, não compreendeu bem que a verdadeira felicidade provém da presença em si de uma certa qualidade de energia, que enche o coração elevando-o sem qualquer pressão.

E quem julga que mostrando ser sério se faz mais importante que os outros, deve perguntar a si mesmo se atrás da aparência de seriedade não estará escondendo, devido a um grande bloqueio, toda a sua espontaneidade.

Procure se observar e caso perceba essa situação, retome o sorriso com toda simplicidade.

8 de dezembro

Não são necessárias grandes frases para se ter compreensão. Basta, para isso, amar e encontrar o canal telepático que ressoa com a grande trama secreta da existência.

Escolher

Temos possibilidade de inúmeras escolhas na vida. Podemos, por exemplo, ter acesso à potências importantes que agem sobre a matéria, ou viver uma vida mais humana, mais simples, sem refletir muito.

Temos a escolha também de nos conectar aos mundos sutis de doçura e comunhão espiritual, ao mundo da alma e da harmonia, de onde proveem as delicadezas do espírito que nos instruem e nos permitem ver as tramas, o jogo que existe atrás das aparências, para poder conquistar a paz e a harmonia.

9 de dezembro

A impressão de vida interior resulta da mestria do corpo em sua elevação energética e espiritual.

Ter controle de seu limite

Muitas vezes podemos nos encontrar frente à pergunta: "O que realmente desejo realizar?"

O importante não é imaginar um projeto fabuloso, mas, sobretudo, dirigir bem aquilo que já temos à nossa disposição. De nada vale projetar-nos em uma grande ideia que nos domina. É melhor reduzir nossa experiência a algo que seja possível controlar.

Dominar-se é poder ter controle sobre o próprio limite. No entanto, isso não quer dizer que devemos limitar-nos a um pequeno universo privado.

Para constatar que temos realmente o controle de nosso limite, devemos submetê-lo à prova do meio ambiente, onde ele poderá enfrentar todo tipo de obstáculo e resistência.

10 de dezembro

Aquele que tem dentro de si a noção do retorno à fonte não se preocupa com os desvios.

A referência interna

Submetemo-nos, sempre, a muitas influências provenientes dos estímulos exteriores, que nos agridem e nos desviam de nosso caminho.

Devemos, portanto, conservar uma referência interna forte e estável, a fim de reagir somente às influências que estão de acordo com o programa preciso que definimos e que queremos seguir.

11 de dezembro

Para se descobrir, é imprescindível amar os outros até se reencontrar.

As delicadezas da vida

É essencial desenvolver a parte sutil de nosso ser que existirá mesmo quando todas as manifestações do plano da forma tiverem desaparecido. Esta parte é ligada ao espírito de Deus, que pode se manifestar em nós sob diversas formas, segundo nosso nível de evolução.

Tente reencontrar, ao lado de amigos, irmãs, irmãos, a doçura e o amor que permitem apreciar as delicadezas da vida.

Contate também todos os eflúvios particulares que nos enviam aqueles que nos velam e que têm uma grande sutilidade, pois alcançaram uma evolução superior.

12 de dezembro

A imaginação substitui muitas viagens.

Viajar em consciência-energia

Antes de agir, podemos, através do pensamento, da imaginação e da emoção, fazer muitas experiências sem utilizar o corpo físico.

Fazendo viagens em consciência-energia, com grande concentração e precisão, sentimos menos necessidade de viajar no plano da forma.

Imaginando a viagem da vida com sinceridade e coragem, sem cair nas ilusões, evitamos muitas experiências infelizes.

13 de dezembro

A riqueza do homem é a presença de Deus em sua alma.

Sua alma é seu tesouro

A presença do espírito é um ponto de convergência para a alma.

Seja qual for sua provação, conserve a preciosa essência de sua alma. Pois é preciso ter no coração energia suficiente para que seu espírito venha a você.

A relação entre seu espírito e sua alma é o motor principal de toda sua existência.

Para encontrar sempre esse tesouro, siga exatamente o caminho acima definido e não deixe que essa deliciosa figura se perca!

14 de dezembro

Amar alguém não é mais fácil que amar a Deus, pois é a mesma coisa: um ato de humildade e de respeito profundo.

O encadeamento do bem universal

A comunhão com os seres que nos rodeiam não deve ser tratada levianamente. Não velando pelo que devemos respeitar ou ajudar, estaremos desprovidos no momento de encontrar soluções para nossa existência, pois não teremos mais amigos.

É essencial criar uma comunhão de amor ao nosso redor e alimentar a presença de Deus para solucionar as dificuldades que podem sobrecarregar um ser, quando desejamos associá-lo à uma dimensão sutil e espiritual.

Ser reconhecido como amigo ajudará a manter um campo de energia favorável à comunicação com a rede do bem universal, que é a base do espírito.

15 de dezembro

A iniciação conduz à percepção das frequências harmônicas da vida.

Ter uma consciência cósmica

Cada ato no presente é, em realidade, um esforço cujas frequências harmônicas ressoam com outras dimensões.

Existem possibilidades de ressonâncias intertemporais e interdimensionais entre a encarnação aqui e outros estados de consciência incorporados em circuitos passados e futuros.

Devemos, portanto, tentar compreender estas noções, para situar nossa responsabilidade em um nível de consciência superior.

16 de dezembro

*Recuperam-se a confiança e a paz
lá onde a vida se torna plena.*

A convicção interna

A confiança em Deus e a convicção interior geram a força de que se necessita.

Essa certeza é vivida nos mundos energéticos e espirituais, mas também pode ser conquistada e manifestada nos mundos mais formalizados. A positividade em situações difíceis constitui um exercício extraordinário que reforça em nós a evidência de suas possibilidades.

Isso parece uma batalha inútil, mas não é bem assim, pois a potência tem somente um tempo, mas a consciência tem todo o tempo.

17 de dezembro

Fazer a vontade de Deus é fazer bem a todos os seres, sem exceção mas com discernimento.

A força da bondade

A bondade está em consonância com a verdade: é exata, justa, determinante, clarificadora, iluminadora. Ela permite que o ser desperte e se torne eficaz em seu próprio destino, bem como no de outras pessoas.

A verdadeira bondade não é apenas a caridade ou a misericórdia; é uma força capaz de dar a alguém elementos que lhe permitam encontrar o caminho da verdade e da felicidade. Realizar um ato de bondade nem sempre é fácil, pois é preciso ser perspicaz e muito justo para se alcançar êxito.

18 de dezembro

A sorte procura aqueles que sabem aproveitá-la.

Realizar sua inspiração

Ao estudar os fatores que conduzem à sorte, constata-se que é fácil, para quem tem uma ligação telepática com uma dimensão superior, ter boas inspirações.

Mas para que tal inspiração venha a se realizar é importante mentalizá-la, estruturá-la, organizá-la, analisando as possibilidades reais de aplicação e elaborando a ideia com entusiasmo, esperança, transparência e pureza.

A pessoa assim sensibilizada a uma escuta interior se manterá, por seus próprios esforços, em um bom nível energético e poderá beneficiar-se, assiduamente, desta abertura para os céus, comparável à "sorte".

19 de dezembro

Não basta ter boa vontade para forjar seu destino, é preciso ter força de vontade.

Do Deus experimental ao Deus imóvel

A presença do Deus imóvel é envolvida pelo Deus experimental.

O Deus imóvel não pode ser criado, é imortal, interno e invisível.

O Deus experimental é criado, imortal, externo, invisível ou visível por intermédio das hierarquias.

A evolução é somente uma história que se desenrola no campo do Deus experimental, mas entre os dois existe nossa vontade. Graças à ela podemos modificar nosso relacionamento com o Deus experimental para nos aproximar do Deus imóvel.

20 de dezembro

Tudo pode ser comprado neste mundo, salvo a consciência, que é conquistável.

A força interior

O ser que deseja evoluir deve poder se tornar um canal puro e bem estruturado, para que sua consciência interior seja predominante em relação a todos os estímulos provenientes de tudo que existe ao seu redor.

Na busca de novas experiências, muitos caem na ilusão das drogas até que isso se torne destruidor para o ser interior e seu sistema energético. Por outro lado, o fato de utilizar drogas para atingir estados alterados de consciência torna a pessoa dependente de produtos químicos, portanto, da matéria, em um nível psico-espiritual elevado. Isso lhe vedará o acesso ao verdadeiro nível espiritual, em que conheceria a verdadeira liberação.

21 de dezembro

Para suscitar o amor em nós, é preciso despertar cada uma de nossas células para a elaboração do contato com a verdade superior.

Harmonização afetiva

A harmonia pode existir no nível afetivo, se houver equilíbrio entre a afetividade vinculada à consciência e as reações afetivas ligadas à nossa parte mais animal.

Para conseguir essa harmonização, deve-se dar predominância a uma centralização consciente e superior da energia, em relação às agitações diversas, em geral associadas às suscitações dos instintos animais.

22 de dezembro

O Verbo é vibração pura, anterior à todas as difrações coloridas da luz e a multiplicidade das tradições.

Luz e Verbo

A luz é uma vibração que se expandiu na difusão.

Ela pode criar fenômenos de todo tipo, mas é apenas uma consequência.

O que é preciso buscar é o verbo invisível, o espírito puro, a vibração original anterior à luz.

A luz é um dos aspectos da vibração, mas a vibração pode existir na matéria, na substância ou não existir.

Aquele que mergulha na vibração pura conhece a verdade suprema.

23 de dezembro

*O que temos de mais precioso
em nós é a criança que fomos,
que somos e que seremos.*

A alma interior

Vencer na vida é realizar os sonhos de criança, diz-se. Mas é preciso ter cuidado em não perder a alma de criança diante da vaidade das coisas formais, mortais e transitórias.

A projeção de si mesmo ao exterior, para realizações diversas, pode esgotar a animação, o entusiasmo do ser interior.

Portanto, é aconselhável sempre cuidar de engrandecer a alma interior na medida em que a obra exterior se amplifica.

24 de dezembro

Torne-se puro e transparente para que sua chama interior eleve-se, alta e bela, como a de um círio sagrado.

A unidade

Quando você é um ser da unidade, você é permanente e não deixa jamais algo se desfazer, pois a cada instante continua a reordenar sua existência.

Conhece, interiormente, o que faz sua permanência e não se dispersa mais em tudo que é transitório.

Você é um ser exato que tem a noção do poder divino e uma percepção interior justa. Você verá, então, vir em sua direção o que há de mais importante e belo e seu ser de luz lhe dará os meios para realizar para outros o que se fez para você.

25 de dezembro

Tente em cada uma de suas ações discernir a presença do ato criador.

A animação original

É importante deixar-se guiar pelo essencial, desde que animado pelo poder do amor e do espírito integrados.

Tome consciência do que é sua animação original e não mais se atemorize.

Reúna em seu ser o que há de melhor, sabendo que o bem é essencial, que ele tem todo o poder e alcança, a despeito de tudo e de todos, a verdade.

26 de dezembro

Dialogando secretamente com o delicado mundo da alma, a esperança renasce no coração.

A força do pensamento

Tenha pensamentos positivos, afirme em si o que pode levar à felicidade interior. Diga palavras que produzem uma energia positiva:

"Estou em comunhão com o espírito criador".

"Comungo com a essência da presença divina e com todas as forças positivas do universo".

"Estou em comunhão com a imensidão e a paz interior".

"Unifico meu coração para que se realize, no meu interior e no interior daqueles que são sensíveis a essa comunhão, uma ressonância com a transcendência".

E que seja possível, assim, criar a maravilhosa figura da serenidade!

27 de dezembro

O sono é um desprendimento do mundo formal e material que permite o acesso a mundos mais sutis.

Tenha bons sonhos!

Antes de adormecer é aconselhável velar sobre o ambiente psíquico, liberar-se das polêmicas, das discussões, e reduzir as atividades.

Reserve para si um lugar privilegiado que lhe proporcionará noites regenerantes: um lugar aerado, decorado com seus objetos preferidos.

Prepare-se para dormir sob o som de música suave, meditando, orando e se elevando com pensamentos positivos. Realize uma programação dos sonhos.

De manhã, ao despertar, busque rememorar seus sonhos e interprete suas mensagens.

28 de dezembro

Nosso âmago é um elemento fundamental para entrar em contato com os mundos superiores.

A vibração da alma

Havendo a possibilidade de ter uma aliança muito delicada com uma dimensão sutil, seu ser interior pode encontrar um modo de coordenar sua ciência à sua consciência.

Para estar ligado aos planos superiores, é importante poder se ajustar ao que se passa em um mundo de luz sutil, estando menos preso ao mundo inferior.

Não se esqueça, no contato com a natureza, de fazer vibrar intensamente sua alma para que a imantação sutil dessa dimensão invisível e maravilhosa lhe permita refazer a aliança com seu ser espiritual.

Cada vez que tiver uma emoção, um elã, um deleite, oriente essas energias para um plano superior.

29 de dezembro

O que foi alcançado está para o passado, o alcançar, para o presente, e o chegar ao Pai, para o futuro.

Os ciclos da vida

Olhando o passado, avaliando o presente, medindo o futuro para prosseguir, conserve a determinação, apesar do peso das provações e avance sempre na estrada do tempo.

Busque o essencial, o que perdura, para concluir o ciclo antes do fim da jornada.

Quando o olhar de um instante contemplar sua vida, quando a consciência interior e a alma estiverem enfim reunidas, saberá, então, qual é o preço justo reservado pelo Céu às missões bem sucedidas.

30 de dezembro

*Admirar é pousar seus olhos sobre
o que, secretamente, contém
uma parcela de seu ideal.*

Admire!

Não basta reafirmar suas qualidades pessoais, estimulá-las e expandi-las. É preciso também vibrar com as qualidades dos outros, pois isso faz com que tais qualidades passem a existir em nosso corpo energético.

Há, em cada pessoa, muitas coisas extraordinárias que devem ser admiradas: a inteligência, a sensibilidade, o sorriso, a simpatia, o eflúvio, a graça...

Tendo a chance de poder admirar, faça-o mais profundamente, pois estará admirando, além da pessoa, a harmonia da criação. Esse instante que lhe é oferecido é um instante de revelação!

31 de dezembro

*A inspiração vem quando nos elevamos
o suficiente para respirar o ar puro
dos altos cumes da divina presença.*

Consciência-energia

Oh, Consciência-energia! Infinitamente presente,
Serena efervescência, pulsação permanente,
Tu, que reges os mundos, toda vida, toda forma,
Através de quem tudo se cumpre segundo a justa norma,
Permite unir-me nesse instante abençoado,
À tua Divina Fonte que emana harmonia,
A fim de que meu espírito, seguindo seu arquétipo,
Una-se à consciência e ao justo princípio.

Do mesmo autor:

Ciência Unitária do Intra Universo
Volumes 1 e 2 - Ed. Intergaláctica

Idílio Espiritual
Ed. Intergaláctica

Ser Anjo Testemunhas – Em colaboração com os Viajantes Intemporais
Ícone Editora

Do Terrestre ao Galáctico
Em preparação para ser editado no Brasil

Mulher - Respostas Essenciais
Em preparação para ser editado no Brasil

Conquistar a Felicidade
Em preparação para ser editado no Brasil

Viagem Intemporal
História em quadrinhos de Sérgio Macedo

Crônicas Originais
História em quadrinhos de Marc Bati